Lotti Huber

Jede Zeit ist meine Zeit

Gespräche

Herausgegeben und mit einem
Vorwort von Peter Süß

Deutscher
Taschenbuch
Verlag

dtv

Von Lotti Huber
ist im Deutschen Taschenbuch Verlag erschienen:
Diese Zitrone hat noch viel Saft! (11673)

Ungekürzte Ausgabe
März 1994
3. Auflage August 1996
Deutscher Taschenbuch Verlag GmbH & Co. KG,
München

ISBN 3-86034-101-4
Die Gespräche führten Wilhelm W. Reinke, Moira Scheulen,
Joachim Stargard und Helmut Lotz zwischen März und Juli 1991.
Umschlagtypographie: Celestino Piatti
Umschlaggestaltung unter Verwendung eines Fotos
von Wilhelm W. Reinke
Fotos: Gertrude Goroncy (Frontispiz, V), Jirka Jantsch (XII, XIII),
Jörg Lange (VI, VII, VIII, X, XI, XVI), Klaus Rabien (IX),
Wilhelm W. Reinke (XV), Moira Scheulen (I), Ekko von Schwichow
(II, III, XIV) und Privatarchiv
Gesamtherstellung: C. H. Beck'sche Buchdruckerei,
Nördlingen
Printed in Germany · ISBN 3-423-11772-9

Aún aprendo.
Noch immer lerne ich.

Francisco Goya
im Alter von achtzig Jahren

Ein Mann schleppt sich müden Schrittes die Landstraße entlang. Keuchend, nach Atem ringend, bleibt er stehen, dann bricht er zusammen unter der Last seines schweren Rucksackes.

Aus dem Morgennebel tritt eine Frau auf ihn zu: »Was hast Du? Warum stehst Du nicht auf?«

»Ich kann nicht«, stöhnt der Mann, »die Last meines Rucksackes erdrückt mich.«

»Dann laß ihn liegen, und geh weiter.«

»Das kann ich nicht«, jammert der Mann, »in ihm steckt mein Leben, meine Zeit.«

Die Frau schüttelt den Kopf: »Sieh nur, was Du Dir antust, wie Du daliegst, nennst Du das Leben? Öffne den Rucksack, und sieh Dir Deine Zeit an, deren Sklave Du geworden bist.«

Der Mann tut, was ihm die Frau befiehlt. Der Rucksack ist voller Pakete, viele schon total zerfleddert, dennoch fest verschnürt. Mit einer großen Schere schneidet die Frau die Schnüre auf: »Schau, schau nur hin, was Du mit Dir herumschleppst! Lohnt sich diese Last?«

Da liegt es vor dem Mann: vergangenes, gewesenes, vergilbtes Leben. Der frische Morgenwind treibt den zerbröckelten Inhalt des Rucksacks vor sich her, weiter, immer weiter, bis er sich in der Ferne in Staub auflöst.

Der Mann erhebt sich, dehnt seine Schultern und merkt, wie sie breit und stark werden. Und setzt seinen Weg fort.

»Ja«, ruft die Frau, »geh nur – geh weiter! Es gibt noch viel für Dich zu tun. Denn jede Zeit ist Deine Zeit.«

Ein Mann schleppt sich
müden Schrittes die Land-
strasse entlang. Keuchend,
nach Atem ringend, bleibt
er stehen, dann bricht er
zusammen unter der
Last seines schweren Rucksackes.
Aus dem Morgennebel
tritt eine Frau auf ihn zu:
"Was hast Du? Warum stehst
Du nicht auf?"
"Ich kann nicht", stöhnt der
Mann, "die Last meines
Rucksackes erdrückt mich."
"Dann lass' ihn liegen, und
geh weiter!"
"Das kann ich nicht", jammert
der Mann, "in ihm steckt
mein Leben, meine Zeit."
Die Frau schüttelt den Kopf:
"Sieh nur, wie Du Dich anstellst,
wie Du daliegst, nennst Du
das Leben?

Öffne den Rucksack,
und sieh Dir Deine Zeit an,
deren Sklave Du geworden
bist!"
Der Mann tut, was ihm die
Frau befiehlt.
Der Rucksack ist voller
Pakete
Viele schon total zerfleddert,
dennoch fest verschnürt.
Mit einer grossen Schere
schneidet die Frau die
Schnüre auf:
"Schau, schau nur hin,
was Du mit Dir herum-
geschleppt!
Lohnt sich diese Last?"
Da liegt es vor dem Mann:
vergangenes, gewesenes,
verlebtes Leben.

Der frische Morgenwind
treibt den zerbröckelten
Inhalt des Rucksacks
vor sich her,
weiter, immer weiter, bis
er sich in der Ferne in
Staub auflöst.

Der Mann erhebt sich,
dehnt seine Schultern und
merkt, wie sie breit und
stark werden.
und setzt seinen Weg fort.
"Ja", ruft die Frau
"geh nur – geh weiter!
Es gibt noch viel für Dich
zu tun. Denn
Jede Zeit ist Deine Zeit."

Lebensgier und Echtheit

»Verrückte Alte.« »Schocker der Nation.« »Mutmacher der Nation.« Viele Klischees sind bemüht worden, ein fast achtzigjähriges Phänomen zu charakterisieren: das graue Haar als wirre Löwenmähne offen getragen oder in einer verwegenen Konstruktion zu einem Turban aufgetürmt, Wimpern wie Krummsäbel, grellrot bemalte Lippen, die Hände heftig beringt bis zum Zeigefinger, wo der schwarze Topas funkelt; eingehüllt in fließende Stoffe, drapiert um den ein Meter fünfzig großen Körper, der immer in Bewegung scheint – so kennt man sie: Lotti Huber, gefragter Gast auf Bühnen und im Fernsehen und Everybody's Talkshow-Darling, seit sie im Herbst 1990 mit Autobiographie, Film und Schallplatte zum multimedialen Sprung ansetzte.

Solchen Kometen ist in unserer schnellebigen Zeit in der Regel nur ein kurzes Dasein beschieden, zumal Lotti Huber auf den ersten Blick wie ein Kunstprodukt anmutet. Analog zu Popgruppen, deren Protagonisten mitnichten selbst die Stimme zu erheben in der Lage sind; den Sternchen gleich, die, zusammenmontiert von Experten für Haar, Schminke und Kostüme, wie Barbiepuppen für ein paar Monate Gazetten und TV bevölkern, ehe man ihrer überdrüssig wird, scheint Lotti Huber die auf dem Reißbrett ersonnene und jetzt fleischgewordene Besetzung der Unterhaltungsmarkt-Nische »Meschugge Oma« zu sein.

Und so wittern Journalisten – zumal die kritischeren – die beflissenen Manager im Hintergrund, angetreten, Lotti Huber auf die Märkte zu treiben. »Frau Huber, waren Sie eigentlich immer so?« fragen die Profis von Radio, Fernsehen und Printmedien, nach Widersprüchen in ihrer Biographie forschend. Worauf milder Spott sich über die Gesprächspartner ergießt: »Aber Schätzchen, als ich in den Windeln lag, war ich natürlich nicht so. Es ist eine Frage der Entwicklung.«

Hier merken wir auf, ahnen den Unterschied zu den adretten, synthetischen Nichtskönnern. Lotti Huber hat nicht nur ein Leben gelebt, aus dem »man leicht hätte drei machen können«, wie eine Illustrierte schrieb, sondern sie entwickelt sich noch heute, ist nie stehengeblieben, läßt sich nach wie vor ein auf das Abenteuer Leben und das Abenteuer Mensch, mit großen, neugierig aufgerissenen Augen, die von Güte und Schalkhaftigkeit leuchten und denen nicht viel verborgen bleibt. Da ist nichts Künstliches – mit Ausnahme der langen schwarzen Wimpern, ohne die sie sich, sie gesteht es freimütig, »nackt vorkommt«.

Die Authentizität, mit der Lotti Huber ihr Lebenskonzept verkörpert – öffentliche und private Person sind eins –, mag der Grund sein, warum viele, Zwanzig- bis Achtzigjährige, durch Lotti Huber wieder Lust haben zu leben. Lust, zwanzig zu sein, Lust, achtzig zu sein.

Lotti Huber hat alle Höhen und Tiefen erlebt, gelebt, bis zur Neige ausgekostet. Unabänderlich Problematisches und Kopflastigkeit sind ihre Sache nicht. Erst der Bauch, dann der Kopf. Souverän, oft gepaart mit gutgelaunter Saloppheit, geht sie über die Schattenseiten ihrer Biographie hinweg. Nur durch ein gehöriges Maß an Unbekümmertheit, durch ungeheure Willens- und Kraftanstrengung hat sie vieles überstehen können. Aber Lotti Huber hat nicht nur überlebt, sondern das Leben an sich gerissen, spätestens seit ihrem Jahr im KZ.

Die Nazizeit, Überleben als Nachtklubtänzerin in Palästina, als Barbesitzerin in Zypern – Stationen einer außergewöhnlichen Existenz; glückliche Jahre in London und Berlin folgen, doch dann steht sie mit fast sechzig, nachdem ihr zweiter Mann gestorben ist, ohne Geld da und verbringt sieben Jahre in Kaufhäusern und Markthallen, hinter ihren Verkaufsständen Schnapsproben ausschenkend. Die alten Markthallen faszinieren sie, Orte, an denen sich das von der Gesellschaft abfällig Behandelte versammelt – Penner, karg berentete alte Frauen, die das Markttreiben betrachten, um so am Leben teilzuhaben.

Und die Penner waren ihre besten Kunden, haben Lotti Huber geliebt und wurden wiedergeliebt. Kaputte Füße, endlose

Arbeitszeiten, die Chefs, für die nur nackte Verkaufszahlen entscheidend waren, das alles scherte sie wenig. Nicht gramgebeugt dasitzen, sondern das Leben zu nehmen wissen, Enttäuschungen, Trauer, Schmerz und Wut zum Trotze: Dafür steht Lotti Huber. Und jetzt im hohen Alter der späte Triumph. Fast wie eine Anleitung zum Glücklichsein lesen sich daher auch die in diesem Band versammelten Bekenntnisse.

Die Plauderei ist ihr Metier, hier kann sie sich austoben, und kaum ein Interviewer vermag die Fäden in der Hand zu behalten. In barockem Wortschwall erzählt sie uns was – über die Liebe, das Leben, die Lust und das Leid. Die Gespräche in diesem Buch – oder sollte man besser sagen: Monologe, die ab und an von einer Frage unterbrochen werden? – enthalten neben Kitschigem, zu dem sie steht – »Liebling, auch das Leben ist mitunter herrlich kitschig« –, ihre gesammelten Einsichten. Diese können keine abschließenden sein, da Lotti Huber, wißbegierig wie ein Kind, jeden Tag Neues erlebt und erlernt. Und wiewohl es um Kunst, Theater, Tanz, Mode, Erfolg, Liebe und Sexualität, um Tod und Trauer und einiges mehr geht, dreht es sich eigentlich immer nur um eins: um Lotti Huber und ihre Lebensgier.

Lotti Huber ist sperrig und paßt mit ihren Ansichten in keine Schublade. Das Anarchische, Bizarre, Unbotmäßige, das nicht zu Disziplinierende, das sie neben ihren schauspielerischen Fähigkeiten zum »Star« gemacht hat, blitzt in den Interviews auf, macht vielfach die Faszination dieser Texte aus.

Solange wir Leute wie Lotti Huber haben, brauchen wir keine Angst vor der »Verhausschweinung« (Konrad Lorenz) des Menschen zu haben. Zu dieser drohenden Vision, dem Schrecklichsten, was der Menschheit widerfahren kann – nämlich aller Leidenschaften beraubt zu sein oder diese bestenfalls fein säuberlich im Lot zu halten, ein Leben ohne Skandale, Abenteuer oder Wagnisse, ohne jegliche Vitalität also –, liefert Lotti Huber noch mit achtundsiebzig das Gegenmodell.

Wir brauchen viele Menschen wie sie, die als Künstler den Narren spielen; die als zeitgenössische Eulenspiegel der Gesellschaft hin und wieder eine Nase drehen aus ihrer Rolle des Außenseiters heraus – unberechenbar, nicht rechenschaftspflichtig, deren Wort man nicht auf die Goldwaage legen muß, die aber dennoch in ihrer wilden, ungeprägten Art uns immer wieder sagen: Seht her, es geht auch anders.

Das Sympathische an ihr ist, daß sie dieses Grenzgängertum nicht kalkuliert, sich dessen oft nicht einmal bewußt ist. Wird sie gefragt, warum sie so viele Tabus breche, weiß sie, ohne zu kokettieren, nichts Rechtes zu antworten: »Wieso, welche breche ich denn, nenn mir doch mal ein paar.«

Lotti Huber wird immer hemmungslos, unverdorben und echt bleiben, auch wenn der Tag kommt, da die Medien, die sich heute um sie reißen, in ihrer hastigen Suche nach dem Neuen, Aufsehenerregenden sie für »abgefrühstückt« halten, wie es im Zunftjargon heißt.

So können wir also beruhigt sein. Auch die Bewußtseinsindustrie wird es nicht schaffen, Lotti Huber zu domestizieren. Denn: Jedes Medium ist ihr Medium, jeder Ort ist ihr Ort, jede Zeit ist ihre Zeit.

Peter Süß im Juli 1991

Ich lebe einfach drauf los

Über Narren, Tabus, Moral, Alter, Tod und Trauer

Manche Leute nennen mich eine »ausgeflippte, närrische Alte«. Das ist natürlich Quatsch, aber ich bin gar nicht so unglücklich darüber. Der Narr als Persönlichkeit ist doch etwas Hochinteressantes. Wie ist der Narr entstanden? Der Narr ist eine tragische Figur, eine einsame Figur. Nimm den Narren in Leoncavallos Oper: »Lache, Bajazzo, schneide die tollsten Grimassen.«

Jeder Fürst hatte einen Hofnarren. Meist war er verwachsen, ein Zwerg, so daß die Leute schon von vornherein über ihn lachten. Um sich zu schützen, um nicht vollkommen der Lächerlichkeit preisgegeben zu sein, wurde er witzig und lachte über sich selbst. Sein Narrentum war ein Schutz, ein Panzer wie bei einer Schildkröte, um überhaupt leben und existieren zu können. Unter diesem Närrischsein verbarg sich oft ein hochphilosophischer und sehr kluger Geist. Er brachte den Leuten seine Weisheit in komischer Form nahe und trat dann lachend ab. Hätte er sie ihnen todernst vermittelt, hätten sie ihn wahrscheinlich erschlagen. Aufgrund seiner augenzwinkernden Art sagten die Leute: »Gott, ist der komisch«, aber wer darüber nachdachte, hatte vielleicht doch das ein oder andere Aha-Erlebnis. Denk an Till Eulenspiegel, der den Menschen ständig in einem Spiegel ihre eigene Dummheit vor Augen gehalten hat. Das ist doch eine ganz großartige Figur voller Philosophie und Weisheit, wie es sie heute kaum noch gibt. Was da alljährlich beim Karneval in »Mainz bleibt Mainz, wie es singt und lacht« passiert – was ist das denn eigentlich? Gut, es macht viele Menschen glücklich, aber ich finde, das Bizarre, das Hintergründige, das Tiefsinnige bleiben auf der Strecke: die Menschen berühren, so daß ihnen manchmal auch das Lachen erstirbt, weil sie nachdenken und dann merken: »Das war doch eigentlich gar nicht so komisch.« Das ist das Interessante bei einem Narren, und das ist etwas unglaublich Menschliches.

Lotti, sind Sie ...

Sagen wir »du« zueinander. Das ist salopper, quicker und slicker. Ich finde das so herrlich im Englischen, das »you«. Da sagt man zur Queen »you« und zum größten Penner »you«. Damit ist das Problem gelöst. Bei uns tut man sich schwer. Sofort ist mit dem »Sie« eine Einordnung in ein bestimmtes Milieu, in eine gewisse soziale Stellung verbunden. Ich finde das nicht schön. Man könnte doch auch sagen: »Du, mein General«, das klingt doch ganz entzückend. »Du, mein bezaubernder Regisseur« und »Du, mein hinreißender Interviewer«.

Lotti, du, meine Gesprächspartnerin ...

Wunderbar!

Bist du vielleicht eine Lebensnärrin? Und wenn ja, was ist dann deine Aufgabe?

Meine Aufgabe als Narr oder als Närrin, wenn du mich schon so nennst, sehe ich darin, mit *meiner* Phantasie, mit *meiner* Verspieltheit und mit *meiner* Unbekümmertheit – ein Narr muß all das haben – Menschen glücklich zu machen. Nachdem sie mich gesehen haben, sagen die Zuschauer: »Ich bin erleichtert. Ich trau mich zwar nicht, aber Lotti Huber zeigt mir, wie man es machen könnte.« Das ist eine ganz großartige Aufgabe. Der Narr ist eben nicht nur ein Vollidiot, der Purzelbäume schlägt und irgendwelchen Blödsinn von sich gibt. Der Narr ist eine soziale Notwendigkeit.

Der Narr sprengt, unter der Schutzmaske seines Narrentums, Normen und Tabus. Hast du in deinem Leben viele Tabus gebrochen?

Ich hab nie auf Tabus geachtet, ich kenn eigentlich gar keine Tabus. Deshalb brauche ich sie nicht zu brechen. Ich lebe einfach drauflos.

Wie hat die Gesellschaft darauf reagiert?

Meine Gesellschaft, die Menschen, mit denen ich im Deutschland der dreißiger Jahre zu tun hatte, existierte nicht mehr, nachdem die Nazis die Macht übernommen hatten. Also bin ich hinausgeflogen in die Welt – ohne Gesellschaft. Das kann übrigens manchmal sehr erholsam sein.

Und die heutige Gesellschaft?

Wunderbar! Rosa von Praunheim stichelt immer, wenn er mich ärgern will: »Du, die Leute halten dich doch sowieso alle für verrückt.« Erst kann er mich nicht verrückt genug kriegen, und dann wirft er mir solche Liebenswürdigkeiten an den Kopf – das ist eben sein Stil. Aber er hat unrecht: Junge Menschen kommen zu mir, und ich erhalte entzückende Fan-Briefe. Ein Siebzehnjähriger, der mich in einer Performance gesehen hatte, schrieb mir: »Ich liebe dich. Dein Parfüm ist noch immer in meinen Nüstern.« Ist das nicht reizend? Viele Jüngere sagen mir: »Du machst mir Mut, alt zu werden. Wenn man *so* alt werden kann, dann habe ich keine Angst mehr davor.« Und ältere Menschen kommen zu mir und versichern mir, ich gäbe ihnen Mut: Mut, sich zu schminken; Mut, nicht immer diese blöden Krokodiltäschchen zu tragen; Mut, nicht mehr diese fürchterlichen Kleidchen anzuziehen; Mut, mal etwas anderes zu machen. Das beglückt mich. Ich bekomme natürlich auch ganz andere Reaktionen. Morgens um sieben klingelte einmal das Telefon, und eine krächzende alte Frauenstimme fragte: »Wo bleibt die Würde des Alters?« – »Die wohnt nicht bei mir«, hab ich geantwortet, »wees ick nich.«

Kommt dir nicht doch die Gesellschaft manchmal zu nahe? So nah, daß sie dich vielleicht ärgert?

Mich ärgert die Gesellschaft überhaupt nicht, weil ich keine Notiz von ihr nehme. Ich brauche »die Gesellschaft« eigentlich gar nicht, deshalb kann sie mich nicht ärgern. Außerdem sind die meisten Menschen entzückend. Ich hab mit meinem ersten Buch – ich bin richtig erstaunt darüber – sogar Erfolg in den Schichten, die man »Establishment« nennt. Wahrscheinlich spreche ich Dinge aus, von denen andere nur träumen.

Du hast ein Leben gelebt, das immer unabhängig von allen gängigen Tabus war...

Ja, aber was sind denn »gängige Tabus«? Nenn mir doch mal ein paar!

Zum Beispiel: Du bist jetzt achtundsiebzig und immer noch nicht diese abgehobene Großmutter, die häkelt und Socken stopft...

(entrüstet) Aber, hör mal!

...sondern eine sehr lebendige Frau, die alles genießt. Ist das wirklich so, oder spielst du das nur?

Wenn ich nur spielen würde, wäre es ja nicht echt! Das ist doch lächerlich. Und außerdem: Diese Großmütter, wie du sie nennst, werden in ein Klischee reingesteckt und bleiben da hängen, weil sie sich nicht trauen, etwas selbständig zu machen. Das ist alles. Ich bin nie in dieses Klischee reingehüpft, und ich habe den Leuten nie eine Gelegenheit gegeben, mich da reinzustecken.

Was waren die wichtigsten Erlebnisse in deinem Leben?

Also: Das größte Erlebnis für eine Frau ist natürlich erst mal, eine Frau zu *werden.* Das hab ich genossen.

Du meinst den ganz konkreten Akt?

Wie du das sagst, so mit tierischem Ernst: »den ganz konkreten Akt« (lacht). Also, paß mal auf, das ist doch etwas Prägendes für eine Frau. Und ich habe es ausgekostet. Da war ich siebzehn, und das war das richtige Alter. Ich besaß die nötige Reife, es wirklich zu genießen.

Der Einschnitt in meiner Jugend war, daß diese bürgerliche Gesellschaft, in der ich gelebt habe, zusammengebrochen ist. Ich war allein – auf mich selbst angewiesen. Meine Werte konnte ich mir nur aus meinem Bauch, aus mir selbst holen, von niemand anderem. Und das war gut, das war wunderbar.

Du warst nie eine Kostverächterin, gerade in bezug auf Männer.

Du sagst es!

Ist das sogeblieben?

Also, weißt du, wenn man achtundsiebzig ist, dann beruhigt man sich ein bißchen. Das ist eine Frage der Hormone (lacht).

Es ist für dich also keine Frage des Alters, ob man etwas macht oder nicht, auch wenn es unschicklich ist oder als unmoralisch gilt …

Ach, Unsinn. Wenn mein Körper – mein Körper und ich sind sehr befreundet, mußt du wissen – nein sagt, dann halte ich mich dran. Ich hab früher gesoffen, und eines Tages – ich hatte mir gerade einen doppelten Whisky eingegossen – sagte mein Körper, nee, schmeckt mir nicht mehr. Und da sagte ich, okay, wenn du nicht willst, Schatz, dann lassen wir's. Und genauso war's in der Liebe, mit den Trieben. Die Hormone wollen nicht mehr so, was aber nicht heißt, daß man jemanden nicht erotisch finden könnte. Weißt du, dich find ich zum Beispiel unheimlich attraktiv (lacht). Aber die Sexualität, also wie der Bulle mit der Kuh und so weiter, das ist es nicht mehr. Die Zeiten sind vorbei.

Tabus haben ja viel mit geltenden Moralvorstellungen zu tun.

Moral? Ich hasse dieses Wort. »Moral«, das hört sich so warnend an.

Im Lexikon steht, Moral sei das sittliche Verhalten, die Lehre von den Sitten.

Ja, *innerhalb* der Moral mag das alles stimmen. Aber eine Moral verändert sich im Laufe der Jahrhunderte, das ist das Interessante. Was gestern unmoralisch war, ist heute eine selbstverständliche Umgangsform. Moral ist abhängig von der Zeit, vom Zeitgeist und von der Gesellschaft. Leute machen sie abhängig, und das ist schlecht. Genau wie das Christentum sie benutzt, um Power, um Macht zu haben. Die Moral müßte unabhängig davon sein. Die Moral wird vergewaltigt. Viele, die das Wort »Moral« im Munde führen, benutzen es nur als Mittel, um zu herrschen. Wer bestimmt, was Moral ist? Der Staat – Moral ist nämlich auch Politik – und die Kirchen. Der Koran fordert eine ganz andere Moral als die katholische Kirche. Und die jüdische Moral ist wieder eine andere.

Aber es gibt eine Moral, die übernational, überstaatlich ist, die quer durch die Menschheit geht. Eigentlich sind das die Gesetze von Herrn Mose. Und die sind ewig. »Die Moral«, das heißt die lebenserhaltenden Sittengesetze, wie man miteinander umzugehen hat, das sind die Zehn Gebote. Was man ansonsten als »Moral« bezeichnet, verändert sich. Diese großen Gesetze des Lebens finden wir mehr oder weniger in jeder Religion wieder, und auch unsere Rechtsprechung geht letztlich auf die Zehn Gebote zurück. Die Moral soll eine Gesellschaft zusammenhalten. Die Moral schafft eine gewisse Ordnung, damit nicht alles chaotisch durcheinanderläuft.

Hat Würde etwas mit Moral zu tun?

Nein, denn ein Mann, der Würde ausstrahlt, kann sehr unmoralisch sein.

Wer bestimmt deine Moral?

Ich selbst und sonst keiner! Das ist so, wie es ist, schlicht und ergreifend. Meine Moral deckt sich meist mit den Zehn Geboten.

Ist es möglich, daß jeder seine eigene Moral hat?

Ja, sicher ist das möglich. Dadurch können große Katastrophen entstehen.

In der Praxis ist es mit der Moral oft eine schwierige Sache. Wenn jemand sich zum Beispiel verliebt in einen Mann oder eine Frau, die mit dem besten Freund oder der besten Freundin zusammenlebt, was machst du dann mit deiner Moral?

Ich würde die Moral da raushalten. Denn das Gebot, du sollst nicht begehren deines Nächsten ... das gehört für mich nicht zu den Grundgesetzen. Ich muß mich also korrigieren: *Meine* Grundgesetze beschränken sich auf: Du sollst nicht töten. Du sollst nicht stehlen. Du sollst nicht lügen.

Aber du willst den anderen doch nicht verletzen?

Richtig – soweit das überhaupt möglich ist. Da hänge ich vielleicht einer Illusion nach oder bin einfach weltfremd. Manchmal verletze ich einen Menschen tief, ohne daß ich es verhindern kann. Sagen wir einmal, theoretisch, jemand hätte sich unsterblich in mich verliebt. Ich empfinde aber überhaupt nichts für ihn und weise ihn ab. Er stürzt sich vor lauter Liebeskummer aus dem Fenster, dann habe ich ihn aber doll verletzt, oder was? Was dann? Wo fängt das Verletzen an? Wo hört es auf? Und was ist überhaupt »verletzen«? Wo liegt die Verantwortung für einen anderen Menschen? So einfach ist das nicht.

Was ist unmoralisch für dich?

Unmoralisch war für mich das Hitler-Regime. Unmoralisch ist Saddam Hussein. Unmoralisch sind die Diktatoren. Unmoralisch sind menschenverachtende Handlungen.

Liebe Lotti, du bist ja eine schon etwas ältere Dame ...

Das hast du aber sehr schön gesagt!

... und man sieht auf den ersten Blick, daß du dich nicht kleidest, wie man das von einer älteren Dame erwartet.

Jetzt erklär du mir mal, was *du* von einer älteren Dame erwartest!

Nun, es ist nicht gerade normal, sich so bunt zu kleiden wie du. Der Durchschnittsbürger in deinem Alter mag es etwas gesitteter und gedeckter.

Das ist doch alles Unsinn! Was verstehst du unter »gesittet«? Häßlich und grau? Klar, ich lebe nicht nach der Norm. Aber was ist daran so außerordentlich? Daß es wenige tun, bedeutet doch noch lange nicht, daß es nicht richtig ist. Mich fragen viele Menschen: »Wie machst du das?« In den USA, besonders in New York, laufen eine Menge alter Frauen herum, die blaugefärbte Haare tragen und geliftet sind, um schöner auszusehen – also *ich* bin weder geliftet noch blaugefärbt. Aber viele haben das wohl im Kopf, wenn sie mich fragen: Wie machst du das, daß du so jung bist?

Ich bin nicht jung. Ich bin überhaupt nicht jung. Das wär ja grauenhaft. Was wäre ich für eine blöde Kuh, wenn ich noch die Mentalität einer Fünfundzwanzigjährigen hätte. Aber ich lebe, ich stehe mittendrin, ich gehe weiter. Ich bewege mich. Das ist alles.

Viele haben dich erst in den letzten Jahren kennengelernt, durch deine Filme oder dein erstes Buch ›Diese Zitrone hat noch viel Saft!‹ Warst du eigentlich schon immer so?

Aber Schätzchen, als ich in den Windeln lag, war ich natürlich nicht so. Es ist eine Frage der Entwicklung. Ich war immer eine große Individualistin, und ich bin sehr unterstützt worden von meiner geliebten Mutter. Ich hatte das große Glück, eine Mutter zu haben, die mich gefördert hat. Ich habe immer all das gemacht, was *sie* gern machen wollte in ihrer Jugend, was aber zu ihrer Zeit nicht möglich war. Meine Eskapaden haben sie immer sehr entzückt. Aber ich habe durch mein Leben – weil ich mein bürgerliches Leben unterbrechen mußte, auf der Flucht war, in anderen Ländern gelebt und mich immer weiterentwickelt habe – diese Grenzen des Normalen überschritten und freue mich darüber.

Worin liegt der Reiz dieser Grenzüberschreitung?

Frei zu sein. Ich nehme keine Rücksicht darauf, was Mama sagt, was Papa sagt, was Tante Emma sagt. Ich lasse mir mein Verhalten nicht vorschreiben. Eben *nicht* konventionell zu denken, das ist ein unglaublicher Reiz. Frei zu sein, nicht abhängig zu sein von Menschen.

Dein Leben ist ja nicht einfach gewesen: Mit fünfundzwanzig kamst du ins KZ.

Ja, und dort – in diesem KZ, wo der Wahnsinn regierte – beschloß ich, daß meine Normen und mein sittliches Denken immer nur von mir selbst abhängig sein dürfen. Viel später schrieb ich dazu einen Text:

My Credo

Die bitteren Erfahrungen im Konzentrationslager
von menschlicher Un-Würde
von der Verachtung des Geistes und der Seele
– Erfahrungen von absurden Abscheulichkeiten
zu denen Menschen fähig sind –
stärkten meine Selbstachtung und meinen Willen
nur an mich selbst zu glauben
mich nicht abhängig von der Meinung anderer zu machen
frei zu sein von konventionellen Moralvorstellungen
mich nicht einkaufen zu lassen von Ideologien
aus welcher Richtung auch immer
Diese Einstellung schleuste mich
durch viele prekäre Situationen in meinem Leben

Ich habe im KZ zusammengelebt – wenn man dieses Wort überhaupt für eine solche Situation gebrauchen kann – mit Prostituierten, sogenannten Zigeunern und Asozialen, die die bürgerliche Gesellschaft als den »Abschaum der Menschheit« ansah und zum Teil bis heute ansieht. Und was waren darunter für Vollblutmenschen! Zum Beispiel Elsa, meine geliebte Elsa – eine Hure von der Friedrichstraße. Sie hatte das Leben von der härtesten Seite kennengelernt. Sie war weiß Gott nicht auf den Mund gefallen, aber hatte ein Herz aus reinem Gold. Ein einfacher Verstand – unkorrumpierbar, ehrlich. Ich zitiere sie in meinen Performances, sie und ihre harten Worte:

wat kiekste so, du doofet Aas?!
Macht dir wohl Spaß, mir so dämlich anzukieken
denkst wohl, daß de wat Besseres bist?!

Im Hintergrund läuft dazu die ›Mondscheinsonate‹ von Beethoven. Da kannst du dir vorstellen, wie's mir ums Herz ist.

Aber wurdest du im KZ nicht schwermütig, depressiv?

Nein, ich bin nicht schwermütig geworden. Ich habe mich gewehrt, opponiert und bin kraftvoll geworden durch diese Erfahrung. Es gibt nur zwei Möglichkeiten: Entweder man geht daran kaputt, oder man überlebt und zieht seine Lehren daraus.

Viele lassen sich einreden, sie seien schlecht, dumm oder häßlich. Das habe ich mir nie aufschwatzen lassen. Ich fand mich nie häßlich oder dumm. Ich bin immer wieder dahin gekommen, selbständig zu denken und nicht abhängig zu sein. Aber: Frei zu sein und frei zu leben ist das Schwerste, was es gibt. Und davor haben Menschen furchtbar viel Angst und besonders – leider – Frauen.

Die vielen unschönen Dinge, die du gesehen und erlebt hast, die Schläge, die du einstecken mußtest – was bedeuten diese Erfahrungen für dich?

Im Konzentrationslager habe ich immer die Aufseherinnen beobachtet: ganz einfache Geschöpfe, oft aus Dörfern, richtige Bauerntöchter. Ich habe nichts gegen Bauerntöchter, und ich glaube auch, daß sie besser eine Kuh melken können, als ich das je in meinem Leben könnte. Aber es waren schlichte Gemüter, einfach gestrickt. Für sie gab es nur Schwarz und Weiß, Gut und Böse. Sie sind im KZ mit Leuten wie mir konfrontiert worden und hatten keine Ahnung, wer wir waren. Ihnen wurde von den Nazis eingebleut, *die* sind schlecht und böse, *das* sind die Untermenschen, und *ihr* seid gut und wunderbar, *ihr* seid die Götter der reinen deutschen Rasse. Das haben sie gefressen – und es läßt sich ja auch bequem leben, wenn man solche Prinzipien akzeptiert.

Das ist das Schöne an unserer Zeit, wie schwer sie auch ist, und an unserer Jugend, wie problematisch sie auch ist, daß sie vieles in Frage stellt. Den meisten meiner Generation ist diese kritische Sicht von klein auf aberzogen worden.

Warst du eigentlich immer glücklich?

Nein, natürlich nicht. Ich habe mich eine Zeitlang hart durchkämpfen müssen, hatte schwere Zeiten. Als ich noch jung und knusprig war, hätte ich mal einen Millionär heiraten können. Hätte ich, hab ich aber nicht! Ich hab hier meine Wohnung, die liebe ich. Was soll ich mit diesem ganzen meschuggenen Wahnsinnsreichtum? Ich bin sehr glücklich. Vor allem, weil ich's mir leisten kann zu sagen: »Will ich nicht! Hab ich keine Lust zu! Mach ich nicht!« Weil ich meine Freiheit liebe, weil ich mein Leben liebe. Das ist Freiheit: sich nicht vereinnahmen lassen. Und ich bedaure es nicht eine Sekunde, daß ich diesen Millionär nicht geheiratet habe. Obwohl es mir in meinem Leben manchmal verdammt dreckig gegangen ist. Aber letztlich war alles ein großes Abenteuer.

Hat das nur eine Bedeutung für dich selbst, so zu sein, oder auch eine für die Gesellschaft?

Beides. Ich gebe Menschen Mut, sie lieben mich – besonders in Berlin. Berlin liebt mich, und ich lieb Berlin zurück. Sie lieben mich, weil ich ihnen Kraft und Mut gebe. Ich mach das natürlich nicht, um zu erziehen. Ich bin kein Erziehungsminister. Ich bin, wie ich bin, und wem's nicht paßt, der kann ja weggucken und weghören. Fertig!

Das Wort »alt« ist ja verwandt mit dem lateinischen »altus«, und das heißt übersetzt: hoch.

Hoch, so wie die Sonne am Himmel steht. Das heißt, man ist seinen ganzen Weg gegangen, hat die Leiter des Lebens bestiegen, steht im Zenit – oh, das war was Banales (lacht). Was kann »alt« alles sein? Senil, kaputt, weise – das letzte sehr selten, aber immerhin. »Alt« kann heißen: Erfahrung, negatives, aber auch positives Denken.

Man sagt, Antiquitäten seien wertvoll, und man schützt sie. In diesem Hause bin ich die einzige Antiquität, deswegen darf meine Katze auch alles kaputtmachen. Also muß ich in meinem Alter irgendwelche Werte haben und wertvoll sein (lacht).

Ein schwerer Schlag für dich war es, als dein zweiter Mann starb. Trotzdem hast du es auch danach wieder geschafft, neu anzufangen. Wie?

Als Norman gestorben war, wollte ich auch sterben. Ich fragte mich: »Was kann jetzt noch kommen?« Daß ich mich wieder aufrappelte, habe ich einer ganz »fürnehmen« englischen Cocktailparty zu verdanken, zu der ich eingeladen war. Die Gastgeber stellten mich der versammelten Partygesellschaft mit den Worten vor: »Oh, this is Mrs. Huber, the widow of Colonel Huber.« Die Witwe von Colonel Huber! Ich kriegte eine solche Wut. Ich, die Witwe von Colonel Huber? Ich bin nicht nur die Witwe von Colonel Huber, dachte ich und kochte innerlich. Ich bin Lotti Huber, und das werde ich euch jetzt zeigen.

So ging das los. Ein kleiner Anlaß, aber der hat mir den Impuls gegeben, und heute bin ich dieser unerträglichen Partygesellschaft dankbar. Das hat mich rausgepuscht aus dieser unglaublichen Starrheit der Trauer.

Du hast also aus Notsituationen das Beste gemacht und es als eine Art Schubs empfunden?

Ja, manchmal als einen sehr schmerzlichen Schubs, aber der war gut und notwendig.

Du weißt, daß gerade Frauen oft Probleme mit dem Altern haben.

Ja, aber das ist zunächst einmal Einstellungssache. Als ich wieder nach Berlin kam, jammerten mir junge Frauen von dreißig, vierzig vor: »Ach, jetzt ist alles vorbei. Jetzt ist unser Leben geloofen.« Ja, sind die denn vollkommen verrückt geworden?

Ich bin mir nie bewußt gewesen, daß ich alt werde oder alt bin. Ich hab mein Leben gelebt. Ich hab mir nie Gedanken über mein Alter gemacht – das mache ich heute noch nicht. Mein Körper findet mich auch sehr sympathisch, denn ich bin seinen Bedürfnissen immer gefolgt. Wenn er lieben wollte, habe ich gesagt, sollst du haben, mein Liebling. Heute sagt mein Körper, ich will nicht mehr lieben. Wunderbar, sollst du auch haben. Das geht, das läuft.

Im Grunde genommen ist das Alter keine Last für mich. Es wäre eine, wenn ich altersbedingte Krankheiten bekäme. Dann finge es an, lästig zu werden. Wenn ein junger Mensch mit vierzig Krebs hat, *dann* ist das eine Last. Das Alter an sich ist für mich nicht nur keine Last, sondern sogar eine Befreiung. Denn es hat mich von Dingen befreit, von denen ich abhängig war: zum Beispiel von der Liebe, von der Hörigkeit, davon, ohne einen Menschen nicht leben zu können. Das gibt es für mich nicht mehr, und das ist etwas Herrliches.

Kannst du dir jetzt mehr erlauben als früher?

Ich kann jetzt Sachen äußern, die akzeptiert werden – manchmal unter Schaudern, aber dennoch. Wenn ich in meiner Jugend so losgelegt hätte, wäre es auf keinen Fall akzeptiert worden. Im Alter hat man Narrenfreiheit – aber Narr hin, Narr her: Man hat die Freiheit. Ich kann mir erlauben, alles auszusprechen, was ein junger Mensch nicht könnte. Man würde ihm entgegenschleudern: »Woher weißt du das? Du hast doch noch gar nicht gelebt!« Ich aber kann sagen: »Ich habe gelebt.« Das ist eine wunderbare Sache. Von einem jungen Menschen akzeptiert man nicht, was man sich von einem alten Menschen sagen läßt. Denn der hat es bewiesen. »Grau, teurer Freund, ist alle Theorie, und grün des Lebens goldner Baum.« (lacht). *»Du?!«* zische ich manchmal junge Leute voll tiefster Verachtung an, »willst *mir* sagen, wie das und das ist? Hast *du* es erlebt? Nein? Na also! Bitte! Punkt. Setz dich hin auf deinen Platz!« Wenn er danach vollkommen hilflos ist, denke ich: »Das war doch nicht fair von mir! Warum soll er es eigentlich nicht?« Aber so reagiere ich zuweilen. Weil ich weiß, *ich* habe es erlebt. Das ist der Vorzug des Alters.

Mit welcher Altersgruppe kommst du am besten zurecht?

Ich komme eigentlich mit allen klar, außer mit alten Menschen, die Vorurteile haben. Ich komme mit ganz jungen Menschen zurecht, nur manchmal langweilt es mich ein bißchen, weil ich weiß, daß sie in zehn Jahren ganz anders sprechen werden und es eigentlich Blödsinn ist, daß wir uns jetzt über wichtige Dinge unterhalten, die in zehn Jahren nicht mehr wichtig sein werden. Trotzdem sind sie *jetzt* für sie wichtig. Ich rede mit jedem, auch mit den ganz jungen, und ihre Wißbegierde ist rührend. Aber richtig miteinander sprechen, das geht so von Ende Zwanzig bis fünfundvierzig. Da gibt es schon Erfahrungen und ein bestimmtes Wissen. Während es mit ganz jungen Leuten doch manchmal eher so ist: »Piep, piep, ist das die Welt? Die hab ich mir ganz anders vorgestellt!«

Kannst du im Alter die Erfahrungen ausnutzen, die du in deinem Leben gemacht hast?

Ja. Ich kann sie verwenden, anwenden, ich kann mich durch sie weiterentwickeln. »Ausnutzen« klingt so berechnend, »auswerten« ist besser. Ich erkenne jetzt Dinge, die ich früher gar nicht richtig verarbeitet habe, die bei mir in irgendwelche Kästchen gefallen sind, die ich vergessen hatte und erst jetzt wiederfinde – versunkene Schätze. Für mich ist diese Altersangst gar nicht verständlich. Diese Frauen, die ständig klagen: »Jetzt gehe ich auf die fünfzig zu, und nun ist bei mir alles aus.« Sie hängen sich immer wieder an das, was gewesen ist, und sind nicht im Hier und Jetzt neugierig, was weiter passiert. Obwohl das doch so aufregend ist! Das liebe ich an Monique so, meiner Freundin und Agentin: Sie kennt dieses larmoyante Getue nicht, denn sie ist so ein kreativer, phantasievoller Mensch. Ich glaube, wenn sie sechzig, siebzig ist, führt sie noch ein genauso reiches Leben wie heute. Ich kenne sie jetzt elf Jahre, und sie ist in dieser Zeit noch viel wacher und interessanter geworden. Man ist auf dieser Erde, um zu lernen.

Es ist doch Quatsch zu behaupten, daß Gott den Menschen die Katastrophen schickt, damit sie lernen. Vollkommener Blödsinn! Wenn ein vierjähriges Kind im Irak auf ein Bajonett gespießt wird, was soll das Kind da lernen? Das sind alles so Ausreden. Der Mensch besteht aus Angst und Verzweiflung. Er versteht sein Dasein überhaupt nicht, und er erfindet Geschichten über Geschichten über den Sinn des Lebens, den alle – auch die größten Genies, wie etwa ein Goethe – nicht erfassen und verstehen.

Apropos Goethe: Was hat ein Mann wie er wirklich erfahren, was hat er erlebt? Er hat Frau von Stein geliebt und noch ein paar andere Frauen vernascht – mehr oder weniger große geistige Leuchten – und vielleicht noch ein paar hübschere Popos. Das war sicher für ihn eine schöne Sache, aber was hat er in seinem Leben wirklich erlebt? Im Vergleich zu mir eigentlich gar nichts (lacht). Na, das ist 'ne Frechheit, was? Eine heilige Kuh ist eine heilige Kuh.

Bekommst du eigentlich Rente?

Nein, und das war – so blöd das vielleicht klingt – in einem gewissen Sinne positiv, denn sonst hätte ich mir bestimmt gesagt: »Och, was muß ich denn noch machen, ich krieg ja Rente« und hätte vielleicht nur noch Blumen gegossen und meine Katze gefüttert. So aber bin ich gezwungen worden, Geld zu verdienen und mich mit Menschen zu beschäftigen, denen ich sonst nie begegnet wäre. Ab und zu braucht der Mensch ein bißchen Zwang und einen Tritt in den Hintern.

Mich hat nichts besiegt. Selbst die Nazis habe ich durch meine große Lebensfreude überlebt, die sie *nicht* gebrochen haben. Wenn heute Hunderte und Tausende gebrochen dasitzen und nicht weiterleben können, weil das Unglaubliche, das ihnen zugefügt worden ist, sie zerstört hat, so daß sie tatsächlich scheintot sind, dann feiern die Nazis noch heute ihre Siege. Mich haben sie nicht besiegt. Viele, die so gelitten haben und immer noch durch diese Vergangenheit leiden, leben gar nicht mehr. Ich habe mir gesagt: »Wenn ich leben will – und ich *will* leben! –, dann muß ich über diese Brücke gehen, dann muß ich darüberspringen, dann muß ich mein Leben neu gestalten. Und ich will zeigen, daß ich nicht nur überlebt habe, bestenfalls also gebrochen dasitze, sondern daß ich meine ganze Kraft behalten habe.« Und das ist für mich ein persönlicher Triumph.

Wie gehst du mit dem Tabuthema »Tod« um?

Wenn du geboren wirst, mußt du auch sterben. Das ist ein ganz normaler Ablauf, genauso wie auch eine Pflanze vergeht. Ich habe keine Angst vor dem Tod, ich habe nur Angst vor Schmerzen und vor Krankheiten. Wenn man sich in den Tod hineinquälen muß und nicht hinübergehen kann, dann ist es sehr schwer. Aber von folgendem bin ich fest überzeugt: Wenn wir alle wüßten, wie wunderbar es eigentlich ist, hinüberzugehen, dann würden viele sich umbringen. Aber die weise Natur hat davor die Todesangst gesetzt und dieses Bewußtsein, daß der Tod etwas Schreckliches sei. Ich bin überzeugt, daß er überhaupt nichts Schreckliches ist. Der Schlaf ist ja ein Vetter des Todes, ihn fürchten wir nicht, nach ihm sehnen wir uns sogar. Der Tod ist genauso selbstverständlich wie die Geburt.

Aber Tatsache ist doch, daß man den Tod verdrängt.

Ja, aber warum eigentlich? Man verbindet ihn mit Angst und Schrecken. Er *ist* auch verbunden mit Angst und Schrecken, wenn er von Menschen verursacht wird: durch Mord, durch Folter, durch Krieg. Aber ein ganz normales Hinübergehen: Tod, Leben, Leben, Tod – ein ewiger Kreis. Das ist an sich etwas Wunderbares.

Wie stellst du dir deine Begräbnisfeier vor?

Lustig! Ohne Schluchzen. Unglaublich heiter und unpathetisch, so stelle ich mir sie vor. Auf jeden Fall muß es hinterher eine wunderbare Cocktailparty geben. Und statt Blumen bitte eine Flasche Sherry mit in meinen Sarg!

Warst du schon mal todkrank?

Ernsthaft krank bin ich eigentlich noch nie gewesen, ich hatte nur so Otto-Normalverbraucher-Krankheiten. Im vorigen Jahr ging es mir mal wahnsinnig schlecht, und Monique behauptet, ich sei dem Tod sehr nahe gewesen. Ich glaub das aber nicht. Ich hab den Tod nicht gespürt. Das ist ja das Faszinierende, daß man selbst ihn gar nicht bemerkt. Ich habe zwar flachgelegen, aber mich eigentlich wohl dabei gefühlt.

Nächstes Stichwort: Trauer.

Was willst du damit?

Was fällt dir zu Trauer ein?

Traurig sein, sonst gar nichts. Trauer ist ein unumgänglicher Zustand, den man empfindet, wenn man ein furchtbares Schicksal erleidet. Trauer gehört dazu, Trauer kann sogar etwas sehr Positives sein.

Empfindest du Trauer in Situationen, die nicht unmittelbar mit dir zu tun haben?

Was soll die Frage? Wenn ich traurig bin, hat das *natürlich* mit mir zu tun. Ich bin unglaublich traurig, wenn eine Pflanze eingeht. Ich bin unglaublich traurig, wenn ich sehe, wie ein Tier gequält wird. Ich bin unglaublich traurig, wenn ein Freund plötzlich schwer erkrankt. Und, und, und.

Was machst du mit dieser Trauer?

Ich versuche mit ihr so zu leben, daß sie mich nicht überrollt. Ich wehre mich. Die Trauer hat ein lebenszerstörendes Element – auf der einen Seite. Wenn man sie überwältigt, ist sie aufbauend. Aus der Trauer entsteht wieder Leben.

Und was richtet dich wieder auf?

Darüber habe ich noch gar nicht nachgedacht. *Ich* richte mich immer wieder auf, das ist meine Natur. Ich bin ein Stehaufmännchen. Wenn man Furchtbares erlebt – man kann es eigentlich nicht theoretisch nachempfinden –, stellt man fest, wieviel der Mensch aushalten und was er alles leisten kann. In prekären, lebensbedrohenden Situationen entwickelst du Kräfte, die du vorher gar nicht in dir gespürt hast.

Gab es nie Augenblicke, in denen du am Boden zerstört warst, wo du zu dir selbst gesagt hast: »Jetzt kann ich nicht mehr?«

Nein, ich hatte immer einen großen Trotz in mir, eine unglaubliche Wut. Selbst als ich im KZ war und diese bescheuerten Wächterinnen sah, die voller Verachtung auf uns schauten, fühlte ich mich überlegen. Ich dachte nur: »Vorsicht, die sind leicht geistesgestört, nicht berühren. Aber die werden mir nicht mein Selbstbewußtsein, meine Selbstachtung nehmen.« Im Gegenteil: Sie haben meine Lebenskraft gestärkt, denn ich sagte mir: »Aus diesem Mist, aus diesem Abgrund an menschlicher Dummheit muß ich raus!«

Du wirst ja auch »Hoffnungsmacher der Nation« genannt, ja?

Mutmacher! Mutmacher, Schätzchen!

Hoffnungsmacher aber auch.

Ja? Das hör ich zum ersten Mal. Das ist 'ne neue Tour. Aber das ist auch sehr schön.

Woher nimmst du deine Hoffnungen?

Ich habe gar keine Hoffnungen. Ich bin hoffnungslos, hoffnungslos optimistisch, Liebling (lacht).

Was wünschst du dir noch für dein Leben?

Was mir wichtig ist: mein Leben, das ich jetzt lebe, weiterführen zu können, weiter kreativ zu sein, mit meinen Freunden zu leben, meine Gesundheit zu erhalten bis zum Schluß. Ich möchte, wie es meinem geliebten Norman passiert ist, umfallen, mittendrin, möglichst auf der Bühne. Und dann bin ich weg.

Ich möchte noch mal das Thema wechseln …

Ja, sonst enden wir so traurig.

Genau.

Aber es ist nicht traurig!

Was kannst du Leuten raten, die so alt sind wie du?

Daß sie ihre Erfahrungen ausnutzen und immer wissen, daß es nie zu spät ist, kreativ zu sein, etwas Neues anzufangen und das Leben zu genießen! Darauf trinke ich.

Ich will fasziniert sein
Ich will hypnotisiert sein
Ich will verzaubert sein

Über Kunst

Kunst ist für mich eine Übersetzung der Realität. Sie ist eine Erweiterung des Bewußtseins, eine Erweiterung der Lebensqualität. Schon der Steinzeitmensch wollte seine Realität nachbilden, nachempfinden: durch Zeichnungen, durch Musik, durch Tanz. Er hat sich nicht begnügt mit Essen, Trinken, Schlafen, Bumsen. Je genialer und sensibler er war, desto mehr hat er versucht, diese Erlebnisse in einer bestimmten Form festzuhalten – je nach Begabung besser oder schlechter. Ich bin so glücklich, so froh, daß ich ein künstlerischer Mensch bin und mich mein Leben lang mit Kunst beschäftigt habe. Das hat mir mein Dasein unglaublich erleichtert, bereichert – und oft überhaupt erst möglich gemacht.

Wenn du das Wort »Kunst« hörst, was hast du da vor Augen? Ein Gemälde oder etwas anderes?

Ich habe viel mehr vor Augen, nicht nur ein Bild. Ein Bild ist nur das Resultat aus Idee und künstlerischer Begabung eines Individuums. Es *kann* mir etwas vermitteln, *muß* aber nicht. Es gibt viele Menschen, die absolut kein Kunstgefühl haben und denen Kunst nichts gibt. Das ist in meinen Augen eine traurige Angelegenheit. Mein Leben wird durch das, was man landläufig unter »Kunst« versteht, nicht nur bereichert, sondern geradezu gezeichnet und bestimmt. Und erst das hat mich befähigt, das Leben durchzustehen. Ohne künstlerische Eindrücke und ohne Kreativität würde mir mein Leben nicht lebenswert erscheinen. Kunst ist eine Sublimierung der Dinge. Ich glaube, daß künstlerisches Empfinden fast noch wichtiger ist als Liebe. Wenn ich »Liebe« sage, dann meine ich den ursprünglichen Akt der Sexualität. Erotik ist wieder etwas anderes, hier kommt ein künstlerisches Element hinzu.

Im Lexikon heißt es zum Stichwort »Kunst«: Bezeichnung für die Gesamtheit des vom Menschen Hervorgebrachten, das sich durch seine gesellschaftliche Geltung als Ausdruck von Vollkommenheit auszeichnet. Was meinst du dazu?

Das ist ja vollkommener Quatsch! Kunst muß überhaupt kein »Ausdruck von Vollkommenheit« sein. Manchmal ist sie Ausdruck einer kompletten Unvollkommenheit, das ist ja gerade das Interessante. Und deshalb wird Kunst oft negiert, verachtet, brüskiert und boykottiert. Die Formulierung ist – wer auch immer das geschrieben hat – komplett beschränkt und moralin. Das ist das Verlogenste und Verkehrteste an Formulierung, was ich je gehört habe. Das muß jemand abgelassen haben, der überhaupt nichts von Kunst versteht. Kunst hat *so* weite Ausdrucksmöglichkeiten, ist ein *so* weiter Begriff! Das ist meine Meinung. Wunderbar, ich reg mich schon jetzt auf (lacht). Das ist herrlich! Ich bin dir sehr dankbar, daß du das ausgesucht hast.

Muß Kunst anerkannt sein?

Nein! Eben nicht. Und in dieser Formulierung soll nur das als Kunst gelten, was anerkannt ist. Kunst muß überhaupt nicht anerkannt sein! Man denke zum Beispiel an Vincent van Gogh und diesen herrlichen Spanier, Francisco Goya, der »Die Grauen des Krieges« gemalt hat. Das war ein Skandal, eine Antikriegskundgebung. Goya war ja nach Ansicht der damaligen Regierung und Gesellschaft wert, auf dem Scheiterhaufen verbrannt zu werden. Mit »Vollkommenheit« und »gesellschaftlicher Geltung« hat sein Werk doch nichts zu tun!

Ist das Leben für dich eine Kunst?

Ja! Das ist interessant, daß du darüber sprichst. Ich wollte nämlich gerade sagen, daß es doch eine Kunst ist, zu leben und zu überleben. Diese beiden Künste habe ich in meinem achtundsiebzigjährigen Dasein mit sehr viel Lust praktiziert. Aber andersrum: Was nennt man Kunst? Bei Kunst denkt man sofort an die »schönen Künste«: Musik, Architektur, Malerei, die Bildhauerei, die Schriftstellerei. Aber die Kunst, sich durch das Leben zu schlängeln, wird meist ausgeblendet.

Kunst, künstlich, künstlerisch – Kunst ist ein weitreichender Begriff, voller Differenzierungen. Es gibt nicht nur Künstler auf der Bühne, sondern auch Künstler im Leben – denk an das schöne Wort »Lebenskünstler«! Beides zusammen trifft man selten: Wer auf der Bühne ein Künstler ist, ist oft im Leben ein absoluter »Unkünstler«.

Die Kunst im Leben ist, an sich selbst zu glauben, sich durchzusetzen. Das ist eine Kunst, die gelernt sein will. Das kann nicht jeder. Darum ist Lebens-Kunst kein Allgemeingut, sondern eigentlich etwas Elitäres. Und wenn ich sage: »elitär«, meine ich es nicht im arroganten Sinne, sondern spreche von den »Auserwählten«, die in der Lage sind, sich selbst über die Problematik des Lebens zu stellen. Das können nicht viele. Die meisten Menschen ordnen sich unter: einem System, einer Ideologie, einer Religion. Das ist die Unkunst. Die Kunst ist, sich davon zu befreien.

Wenn man sich unterordnet, kann nichts Neues entstehen, sondern nur Vernichtung. Vernichtung des Geistes, der Phantasie und des künstlerischen Schaffens. Unterordnung ist kein schöpferischer Vorgang und läßt auch keinen solchen zu. Du siehst das in den Ländern, die unter einer Diktatur leiden, wie wenig das Künstlerische, die Befreiung des über den Alltag Hinausgehenden dort stattfindet, wenn Künstler sich anpassen.

Man sagt, »Kunst« kommt von »wollen«.

»Kunst« kommt von »können«! Wenn es von »wollen« käme, würde es »Wunst« heißen. Das habe ich Kulenkampff in sein Poesiealbum geschrieben. Und darunter: »Für Kuli ein ganz großes K!« Ist das nicht schön?

Wo hast du dein Können her?

Das weiß ich nicht. Wenn ich sagen würde, von Gott, klänge das merkwürdig, da ich nicht sehr religiös bin. Aber irgendwie ist das eine Frage der Veranlagung. Ich denke oft, daß ich den revolutionären Geist von meiner Mutter geerbt habe, obwohl sie ihn nicht ausgelebt hat, und die Dickköpfigkeit von meinem Großvater, der Freimaurer war – das ist immerhin schon etwas! Woher ich meine Art habe? Das muß Generationen zurückliegen. Ich glaube ja sehr an Reinkarnation. Vielleicht ist in mir ein Revolutionär oder ein Anarchist wiedergeboren worden (lacht). Ich weiß es nicht.

Aber woher kommt dein tänzerisches Können, dein Können auf der Bühne?

Ich habe gesehen, ich habe gelernt. Und die schauspielerische Begabung ... du, die ganz großen Schauspieler des 19. Jahrhunderts haben keine Schauspielschulen besucht. Sie saßen im grünen Wagen, zogen über die Dörfer und spielten einfach drauflos. Sie hatten ganz andere Dimensionen als der Durchschnittsbürger. Woher das kommt? Es ist einfach da. Vielleicht durch Anregungen. Durch eine hinreißende Erziehung haben mir meine Eltern eine unerhörte Chance gegeben. Ich nahm nur das auf, was mich faszinierte. Was mich nicht faszinierte, ließ ich fallen wie ein heißes Eisen oder eine heiße Kartoffel.

Was gibt einem künstlerischen Leben mehr Impulse? Eine Jugend wie deine oder eine, wie die heutige Generation sie erlebt?

Das ist eine wahnsinnig schwere Frage. Denn wenn ich jetzt sagen würde, daß ohne Leiden, ohne Schmerz und ohne Provokation keine Entwicklung stattfinden kann, dann wünschte ich der heutigen Jugend etwas, was ich ihr wahrhaftig nicht wünsche. Auf der anderen Seite weiß ich, daß kein Lebensweg glatt sein kann. Aber ich glaube auch nicht, daß der Lebensweg der Jugend heute im allgemeinen glatt ist. Er ist anders. Dennoch: Die Jugend von heute hat es wesentlich leichter, als wir es damals hatten. Und das birgt Gefahren, da sie nicht gewappnet ist, schwierige Situationen durchzustehen.

Glaubst du, daß Leid zu einem künstlerischen Leben gehört?

Ja. Obwohl es banal und trivial ist zu sagen: Zum Künstler gehört der Schmerz, zum Künstler gehört das Leid. Aber irgendwas ist sicher dran. Ich habe selten erlebt, daß Künstler aus einem sehr wohlhabenden, problemlosen Milieu zu wirklicher Größe aufgestiegen wären. Künstler mußten fast immer gegen den Widerstand, gegen die öffentliche Meinung und gegen Schwierigkeiten ankämpfen – seien sie finanzieller oder psychischer Art. Ohne das wäre nichts geschaffen worden, hätte es keine Anregungen gegeben. Das ist ein Leidensweg, das ist wirklich wahr. Du kannst jeden nehmen: Beethoven oder Leonardo da Vinci, der so bekämpft worden ist – allesamt Künstler, die sich gegen den Durchschnitt, gegen die Trivialität, gegen die Verkrustung haben durchsetzen müssen. Und sie mußten so handeln, denn sie konnten nicht anders.

Glaubst du, daß man Kunst erlernen kann?

Ich glaube nicht, daß du Kunst anerziehen kannst. Du kannst nur anregen, Impulse geben, nichts weiter. Was dann kommt, muß von innen heraus, von einem selbst kommen. Und wo die Qualität nicht vorhanden ist, passiert nichts. Lehrer können nur anregen, nur sagen: Ich kann dir eine gewisse Richtung zeigen. Wie du den Weg gehst, wann du den Weg gehst und ob du überhaupt den Weg gehst, das ist deine Sache.

Muß Kunst anregend oder sogar aufregend sein?

Ja, aber interessant ist, daß du wirklich nur Menschen aufregst und anregst mit Kunst, die ein Gefühl dafür mitbringen. Guck mal, ich liebe Tschaikowskij, I love Tschaikowskij. Wenn ich zu Tränen gerührt bin über eine seiner großen Symphonien und neben mir sitzt ein Mensch, der sich langweilt und überhaupt nichts dabei empfindet ... Dieser unmusikalische Mensch wird nie begreifen, was diese Musik in mir auslöst. Ich kann es ihm auch nicht einpumpen. Das sind die Wunder, die Geheimnisse der Natur, die du nicht erklären kannst. Wir sind eben nicht alle gleich.

Einer der Sensibelsten, der mich immer wieder fasziniert und den ich hinreißend finde, der die Phantasie der Menschen angeregt hat, der geliebt, gehaßt, wiedergeliebt und wahrscheinlich umgebracht wurde, war ein König, dessen Aufgabe es eigentlich war, Künstler und Musiker zu sein: Ludwig II. Das war ein Mensch, dem die Kunst fast zur Qual wurde und den die Kunst fast umbrachte, so wie einen eine Geliebte, eine Liebe umbringen kann, eine Krankheit, eine Besessenheit. Wenn dich das Virus erfaßt hat, wenn du das Virus in dir hast, mußt du mit dem Virus leben, und du kannst es nie abschütteln. Wenn einer das Virus nicht hat, ist er frei von der Kunst, aber sein Leben ist arm.

Wenn du dir aus irgendwelchen Gründen – das sag ich auch immer zu meinen weiblichen Freunden – einen Lebensgefährten ausgeguckt hast, der total andere Interessen hat als du, dann ist das ein großes Unglück und läuft nicht. Wenn du die Musik liebst und er hat überhaupt keine Beziehung zu ihr, kannst du mit einem solchen Menschen nicht dein ganzes Leben verbringen. Du wirst ewig frustriert sein und andere suchen, mit denen du deine Liebe zur Musik teilen kannst. Du mußt verstehen, daß das nicht »Liebe« ist, die dich zu ihm gezogen hat, sondern – wenn überhaupt – eine sinnliche, eine sexuelle Komponente, die vergeht. Und wenn die vergangen ist, dann bleibt nichts übrig. Dann bleiben nur noch du und er, und ihr sitzt da und schweigt euch befremdet an.

Das ist *auch* eine sehr wichtige Funktion von Kunst: sie verbindet. Der alte Casals, der große spanische Cellist, war über neunzig, als er seine neunzehn- oder zwanzigjährige Schülerin heiratete. Nun, das war kein sexueller Bettrausch, das war eine ganz große seelische Beziehung. Es war die Musik, mit der sie beide verheiratet waren. Das ist hinreißend, darüber könnte ich stundenlang reden ...

Welche Kunstform ist für dich die größte?

Ich liebe Symphonien, ich liebe Opern, und den Tanz liebe ich über alles. Du könntest mir die Frage stellen: Würdest du lieber in eine Ausstellung gehen, ein Konzert hören, oder würdest du zuerst – wenn man dir Tickets anbietet für denselben Abend – in ein Schauspiel gehen, in eine Tanzperformance oder in eine Oper? Ich glaube ... nein, ich kann es nicht sagen. Ehe ich mich entschieden hätte, wäre der Abend vergangen. Aber ich finde diese Fragen nach den Superlativen müßig: Was war das Beste, das Schönste in deinem Leben, was würdest du zuerst wählen? Das sollte man nicht fragen, weil die Antwort nie wahr ist: Wann war deine beste Zeit? Quatsch! Ich kenne keine »besten« Zeiten, ich kenne nur faszinierende Zeiten.

Kürzlich hab ich in der Oper ›Salome‹ von Richard Strauss gesehen, und die Aufführung war von einer solchen Qualität – ich bin wie verrückt nach Haus gegangen, ich bin ausgeflippt. Aber ich erlebe auch ganz anderes, weißt du. Ich hab Tränen gelacht damals, ich muß die Geschichte erzählen: Vor ein paar Jahren bin ich mit Rosa von Praunheim in 'ne große Ausstellung von Joseph Beuys in diesen herrlichen Gropius-Bau gewackelt. Wir sahen sie uns an und dann noch eine zweite moderne, mit Expressionisten und diesen Wilden. Nach unserem Rundgang sagte ich laut und deutlich, wie das so meine nette Art ist: »Also so eine Scheiße hab ich mein Lebtag noch nicht ...« (lacht) Rosa hat sich so geschämt mit mir! Er schrie mich an: »Du verstehst überhaupt nichts!« – »Ja«, erwiderte ich, »du hast völlig recht. Ich verstehe überhaupt nichts.« Ich hatte es wirklich nicht verstanden. Ich bin auch nicht bereit, in irgendeine Ausstellung zu gehen, mich vor einem Bild aufzubauen und zu rufen: Ja, das ist fabelhaft, das ist schön – wie im Märchen von ›Des Kaisers neuen Kleidern‹. Ich sage von vornherein: Es tut mir leid, vielleicht ist das etwas Großartiges, aber für *mich* nicht.

Sagst du: »Ich will nicht« oder »Ich verstehe es nur nicht, weil ich nichts darüber weiß«?

Kunst zu verstehen darf keine Frage des Wissens sein. Du mußt das Kunstwerk sehen – und hingerissen sein. Du mußt absorbiert sein.

Ist die Kunst des 19. Jahrhunderts aufregender für dich? Und die moderne Kunst, nehmen wir Beuys als Beispiel ...

Als Extrem. Ich liebe die Impressionisten, auch einige Expressionisten. Aber bei vielen zeitgenössischen Malern denke ich: Es tut mir leid, ihre Bilder beeindrucken mich nicht. Wenn Beuys da einen Butterhaufen hinklatscht, dann kann ich nichts damit anfangen.

Aber das müßte doch gerade dich anregen.

Warum?

Weil Beuys die Gesellschaft provozierte. Das war ja sein Anliegen.

Ein Butterhaufen ist doch keine Provokation! Er ist eine wirtschaftliche Verschwendung. Außerdem hat Butter für mich keine Seele. Du kannst sie aufs Brot schmieren oder dir Fettflecke mit ihr einhandeln. Also entzückend war, als Beuys einmal Steine aufeinandergeschichtet hat. Zu der Zeit wurde auf der Straße vor dem Gropius-Bau gebuddelt, und deshalb lag dort genauso ein Steinhaufen. Und was passierte? Ein Journalist kam, schoß ein Foto und schrieb darunter: »Beuys?« Ich hab mich totgelacht. Er hat sich sicher bei diesen Haufen, ob aus Butter oder Stein oder ich-weiß-nicht-was, etwas gedacht, das ist mir schon klar: Aber mich berühren sie nicht.

Aber das liegt doch nicht an Beuys, sondern an dir.

Meinst du, daß ich zu bescheuert und zu beknackt bin?

Nein, nein. Aber mit der heutigen Kunst scheint es schwieriger zu sein. Wenn du eine Kunstausstellung besuchst, mußt du dich vorher mit dem Künstler auseinandersetzen. Erst dann hast du die Möglichkeit, ihn ganz zu verstehen, glaubst du nicht?

Nein, das ist schon mal schlecht. Wenn ich mich fragen muß, was hat der Künstler damit gemeint, ist das spontane Ansprechen, ist das, was mich berührt, schon vorbei. Wenn ich mich mit Hilfe eines »Experten« – wie das heute ja so hübsch gemacht wird – erst kundig machen muß, wie ich mich im Bett zu verhalten habe, dann ist die Sexualität im Eimer und die Liebesnacht schon lange. Das ist genau dasselbe wie mit der Kunst, verstehst du, was ich meine? Erst wenn ich wie vom Donner gerührt dastehe und frage: »Gott, wer hat *das* gemacht!?« – dann stimmt es. Ich muß gepackt sein.

Kunst ist nicht akademisch, auch wenn das naiv klingt. Aber was ist eigentlich Naivität? Naivität ist für mich nichts Negatives, sondern ist Unbefangenheit, Unverdorbenheit. Ein Fan schrieb mir mal: »Lotti Huber, ich liebe deine zärtliche Naivität.« Das hat mir sehr gefallen, denn es stimmt. Ich bin im Grunde genommen sehr naiv. Das erhält mir meine große Lebensfreude und in der Kunst – auch wenn das jetzt arrogant klingt – das »richtige« Sehen.

Noch einmal zu Beuys ...

Er war ein Egomane. Aber das reicht nicht! Wer mich packen will, muß sich mit seiner Umwelt beschäftigen, mit den Menschen, die ihn umgeben. Beuys beschäftigte sich nur mit sich und seiner Krankheit.

Nein, das glaube ich nicht.

Du bist doch bloß ein Beuys-Anhänger! Das nehme ich dir ja auch gar nicht übel. Warum sollst du es nicht sein? Aber noch eine kleine Geschichte zu Beuys, die mir gar nicht gefallen hat:

Er hatte noch so einen Haufen dahingesetzt, diesmal aus Sand. Und nun wollten die Putzfrauen saubermachen, die »große Kunst« wegkehren – ich würde eher sagen: diesen Dreck wegschaufeln. Die haben Herrn Beuys nicht kapiert. Die Aussteller verhinderten diese putzbesessenen Übergriffe, indem sie ein Gitter um das »Kunstwerk« errichteten. Na, halleluja, das war ein Ding (lacht)! Aber jetzt kommt der Hammer: Als die Ausstellung abgebaut wurde, wurde dieser Sand – und das fand ich wirklich schlimm – in Tütchen für fünf Mark das Stück verhökert. Und die Leute kauften wie wild! Ist das nun Schwachsinn oder nicht?

Vielleicht benötigt die heutige Kunst mehr Erklärungen?

Aber das ist doch furchtbar! Also wenn mir jemand Kunst erklären will, krieg ich schon 'ne Wut. Und wenn man mich belehren will, damit ich es kapiere – um Gottes willen. Ich will fasziniert sein, ich will hypnotisiert sein, ich will verzaubert sein. Und ich will keine Erklärungen. Basta!

Willst du dir nicht selbst manchmal etwas erklären?

Ja, ich will mir selbst erklären, wie man eine wunderbare Sauce Béarnaise macht. Die Kunst des Kochens, die will ich mir unbedingt erklären. Aber Bildende Kunst will ich mir nicht erklären. Es war wieder einmal Goethe, der gesagt hat: »Wenn ihr's nicht fühlt, ihr werdet's nicht erjagen.«

Nehmen wir mal Piet Mondrian mit seinen klaren Formen. Wenn du seine Bilder siehst, berührt dich das?

Das ist eine saubere Arbeit, aber es macht mich nicht besoffen. Mich muß Kunst in einen Zustand des Glücks oder des Entsetzens versetzen. Kunst ist für mich etwas sehr Emotionales.

Aber dieser Butterhaufen von Beuys hat dich doch zumindest geärgert, also aufgewühlt?

Na, hör mal: Wenn du auf den Tisch scheißt, bin ich auch berührt und es ärgert mich. Aber deswegen muß ich doch nicht sagen: Mein Gott, ist das ein Kunstwerk (lacht)! Entschuldige bitte, ich weiß, du würdest so etwas nie tun.

Aber die Frage ist doch: Kunst – wie weit geht das überhaupt? Ich hab mal einen ganz großen Künstler erlebt. Leider kenne ich ihn nicht persönlich, ich kann ihn auch nicht kennen, weil er mehr als dreitausend Jahre tot ist. Und jetzt hole ich sehr weit aus: Ich lebte mit Alec Kingaby, meinem ersten Mann, auf Zypern, einer Insel voller Schätze. Alle hatten hier ihre Spuren hinterlassen: Menschen aus der Steinzeit, die Ägypter, Griechen und Römer. Immer wenn du die Grundpfeiler eines Hauses errichten oder auf den Feldern graben wolltest, hast du Amphoren gefunden, wunderbaren Schmuck, kleine Figurinen, Parfümfläschchen – alles mögliche aus verschiedenen Zeiten. In Nikosia stand ein kleines, himmlisches Museum mit einer Werkstatt, die der wunderbare Mr. Chrisostomos leitete. Alec war wahnsinnig interessiert an diesen alten Scherben und Antiquitäten und fuhr ständig zum »digging«, zum Graben. Eines Tages sagte Mr. Chrisostomos zu meinem Mann: »Mr. Kingaby, wir haben Kummer, weil die Bauern beim Pflügen so viele Kunstschätze finden, die sie an Touristen verkloppen. Wir können nur ein paar Piaster bezahlen, und so entgehen uns manchmal die kostbarsten Sachen. Mr. Kingaby, verbreiten Sie, daß Sie alles aufkaufen, und bezahlen Sie gut. Bringen Sie die Sachen ins Museum, und wir geben Ihnen das Geld zurück.« Bei einer dieser »Lieferungen« entdeckte ich ein Figürchen aus Stein, vielleicht zehn, zwanzig Zentimeter groß: ein Maulesel! Obwohl die vier Beine, der Kopf, die Ohren so einfach gearbeitet waren, war mir klar, daß es ein Maulesel war. Auf ihm saß ein Mann, die Hand schützend gegen die Sonne erhoben. Sein Gesicht konnte ich nicht erkennen, denn da war nur ein Strich und noch ein Strich und irgend etwas Eingeritztes

– im Grunde nichts! Aber er blinzelte, er blinzelte in die Sonne, er muß in die Sonne geblinzelt haben! Ich schwöre dir, es muß um die Mittagszeit gewesen sein. Wenn du dieses »Gesicht« gesehen hättest! Wahnsinn!

Ich bat Alec: »Bitte, bitte, schenk mir diese Figur!« Und mein Mann, besoffen von seinem Job – seine Loyalität war unglaublich –, meinte nur: »Erst muß Mr. Chrisostomos beurteilen, ob er sie fürs Museum will. Wenn nicht, bekommst du sie.« Als der Museumsdirektor sie sah, flippte er aus. Dieser Reiter war eine der wenigen Figuren, die mehr als dreitausend Jahre überdauert hatten, Kostbarkeiten, von denen es nur noch wenige gab. Alec brachte sie natürlich ins Museum.

Was ich mit dieser Geschichte sagen will? Moderne Kunst – Punkt, Punkt, Komma, Strich, fertig ist das Mondgesicht – ist gar nichts im Vergleich zu dem Künstler, der diese Figur geschaffen hat. Du hast keine Augen gesehen, keine Nase, keinen Mund – du hast nichts gesehen. Und dennoch war das ein Gesicht. Ich schwöre dir – ich bin nicht hysterisch –, daß dieser Reiter in die Sonne geblinzelt hat, und ich sage sogar: Es muß zwölf Uhr mittags gewesen sein, als die Sonne am höchsten stand. Was ist *dagegen* moderne Kunst? Diese Figur werde ich nie vergessen. Dieser unbekannte Künstler ist für mich der Größte. Über dreitausend Jahre alt! Versteh mich nicht falsch, ich lehne moderne Kunst nicht prinzipiell ab. Es gibt bestimmt große Leute darunter, aber ich lehne ihre Bezugslosigkeit ab, ihre Seelenlosigkeit, das Psychologisierende. Weißt du, was ich meine?

Was hältst du davon, daß Kunst immer mehr zur Ware wird?

Kunst wird immer mehr zum Handelsobjekt, zum Wertpapier. Früher war das anders: Die großen Fürsten gaben Bilder in Auftrag, um ihr Ego zu preisen – und dachten nicht an Kommerz. Ich freue mich immer, wenn heute die sogenannten »Fälscher« den ganzen Kunstkommerzbetrieb ad absurdum führen. Kürzlich ist so ein großer Nachahmer im Gefängnis gelandet.

Er hatte irgendeinen holländischen Meister kopiert, so gut, so hervorragend, daß er die ausgebufften Experten damit bluffte. Sie glaubten wirklich, das Bild sei echt. Warum erkennt man diesen Künstler – und er *ist* ein Künstler – nicht an? Das ist doch eine vollkommen entseelte und verlogene Sichtweise von Kunst. Wenn eine Kopie so gut ist, so ausgezeichnet, warum soll ich mich an ihr nicht genauso freuen wie an dem Original? Und weiß man überhaupt, was ein Original ist und was nicht? Wissen wir denn, wer die »Mona Lisa« gemalt hat? Vielleicht hat einer der Schüler Leonardo da Vincis das Kleid gemalt, und ein anderer hat sich darüber amüsiert und das Grinsen reingesetzt. Vielleicht ist ihr Mund nur deshalb so zugekniffen, weil sie keine Zähne hat? Wenn heute Experten nachweisen würden, daß die »Mona Lisa« nicht von Leonardo geschaffen wurde, würde ihr Wert um Millionen Dollar fallen. Das ist doch absurd! Wer bestimmt denn, was Kunst ist? Irgendwelche besserwisserischen Kunsthistoriker und Spezialisten? Und warum soll ich mich davon beeindrucken lassen? Das interessiert mich alles nicht.

Ich fände es herrlich, wenn man eines Tages herausbekäme, daß die »Mona Lisa« eine Schulaufgabe war: Der eine hat ihre Ohren gemalt, der andere das Haar und ein dritter das Kleid – und Leonardo war gerade verreist. Wär das nicht herrlich? Allerdings muß ich sagen, daß ich nie etwas an der »Mona Lisa« gefunden habe. Für mich ist sie häßlich, ihr stures Grinsen enthält für mich kein mystisches Geheimnis. Da kannst du mal sehen, was Werbung, was Propaganda bewirken kann. Die Leute stehen vor der grinsenden Madame und kommen aus dem »Oh!« und »Ah!« nicht heraus.

Vor einiger Zeit war ich im Ägyptischen Museum hier in Berlin. Dort ist die »Nofretete« in einem einfachen Glaskasten ausgestellt. Da erlebte ich folgende Szene: Mike, ein junger Amerikaner, der die ägyptische Geschichte heiß und innig liebt, hatte mich eingeladen. »Ich will dir alles erklären, jede Figur«, sagte er zu mir. Bevor wir das Museum betraten, kaufte er eine langstielige Rose und kündigte an: »Ich werde diese Rose Nofretete überreichen.« Da kommt also dieser entzückende, blonde junge Amerikaner mit der Rose in den Raum, wo Nofretete in ihrem Glaskasten thront, und sofort stürzen sich drei Wärter kopfüber auf ihn. Ach ja, die Zeit der Romantik ist vorbei ... (lacht) Sie untersuchten die Rose und tasteten ihn ab. Erst dann war alles in Ordnung, und er durfte die Rose hinlegen. A rose for Nofretete. Das ist eine tragikomische, aber auch eine schöne Geschichte.

Nofretete ist faszinierend, mit diesem einen, noch unfertigen Auge, diesem schönen, langen Hals, dieser stolzen Haltung – aber daß man deshalb tatsächlich in Ohnmacht fällt, finde ich übertrieben. Und das habe ich erlebt: Eine Frau kommt rein, stellt sich vor diesen Glaskasten und seufzt: »Nein, ich kann's nicht fassen, ich kann's nicht fassen.« Und fällt tatsächlich prompt in Ohnmacht! Da kannst du mal sehen, das war doch reine Autosuggestion. Zugegeben: Nofretete ist schön – aber von solch überwältigender Schönheit, daß man in Ohnmacht fallen muß, ist sie nicht.

Ist Kunst für dich etwas Künstliches?

Nein. Künstlich ist das Lachen von Frau Kommerzienrat, künstlich ist eine Plastikkette, künstlich ist, wenn ich mir ein paar Wimpern anklimper. Künstlich ist unecht. Kunst muß echt, muß wahr, muß ehrlich sein, sonst berührt sie nicht. Sie kommt aus dem Bauch und nicht vom Intellekt. Sobald sie vom Intellekt kommt, wird sie künstlich. Und die moderne Kunst kommt sehr oft vom Intellekt. Deshalb stehe ich ihr skeptisch gegenüber.

Ich habe 1954 in Rom etwas Zauberhaftes erlebt: Ich begleitete meine Mutter, mit der ich auf Zypern lebte, nach Deutschland, und wir machten in Rom Station. Wir schlossen uns einer Sightseeing-Tour an, die ein zauberhafter Professor für Geschichte begleitete. In einer kleinen Kirche sahen wir den »Moses« von Michelangelo. Der Professor wies auf eine Delle am Knie und erklärte – und das habe ich nie vergessen: »Als Michelangelo den Moses beendet hatte, ging er zwei Schritte zurück, den Hammer noch in der Hand, schaute ihn an und rief: Moses, Moses, why don't you speak? Überwältigt vor Glück, schlug er ihm mit dem Hammer aufs Knie – daher die Delle.« Das ist aus dem Bauch. Moses, Moses, warum sprichst du nicht? Das hat Beuys zu seinem Butterberg bestimmt nicht gesagt.

Kommen wir zu den Künsten, die du beherrschst, Schreiben zum Beispiel.

Ich habe zwar ein Buch geschrieben, aber ich bin keine Schriftstellerin. Ich erzähle gerne Geschichten. Meine Gedichte fallen mir nebenbei ein: wenn ich in der Badewanne sitze, wenn ich mich schminke, wenn ich mich anziehe, wenn ich mitten auf der Straße bin, wenn ich irgendeinem Menschen begegne, wenn ich irgendein Pärchen im Café sehe. Plötzlich fallen mir einfach die Verse aus dem Kopf. Das kann ich nicht erklären. Ich setz mich nicht hin und nehme mir vor, etwas zu dichten, sondern es passiert mir.

Ich mache doch diese »Nachtgedanken« in ›Holgers Waschsalon‹ für den Hessischen Rundfunk. Und ich sitz da mit Käppchen und Nachthemd, und daneben lümmelt sich ein großer Teddybär. Neulich hab ich ein Gedicht dort vorgetragen, das mir morgens beim Zähneputzen eingefallen ist. Und das geht so:

Früher hat eine heiße Liebesnacht
mir sehr viel Spaß gemacht
Sie war wirklich wunderschön
Heute schlafe ich alleine
und nur meine Katze schnurrt mir um die Beine
Das ist *auch* sehr schön
Gute Nacht, liebe Freunde, auf Wiedersehn

Ist das nicht lustig? Ich sehe so komisch aus mit diesem Käppchen, diesem Hemdchen und den weißen Söckchen. Kuli liest seine »Nachtgedanken« immer ziemlich feierlich, ich bringe das mehr mit so 'nem Augenzwinkern.

Wie würdest du deinen künstlerischen Anspruch formulieren?

Bei Filmen zum Beispiel ist es furchtbar wichtig, daß die Rolle psychologisch richtig aufgebaut ist. Auf reine Klamaukrollen habe ich keine Lust. Es muß natürlich Humor dabei sein. Aber es muß auch dramatisch sein, lebendig und wahr. Ich hasse künstliche, stilisierte Rollen.

Die portugiesische Großmutter, die ich in einer Fernsehserie gespielt habe, war eine wunderschöne Rolle: eine alte Frau, die einfach, aber unglaublich stark ist. Das hat mich fasziniert. Du findest solche wunderbaren Frauen in Griechenland und in Italien, in Portugal und in Spanien: diese alten Frauen, die ihre Familie mit unwahrscheinlicher Kraft zusammenhalten und total beherrschen, obwohl nach außen hin die Männer mehr Rechte besitzen. Diese Rolle habe ich sehr geliebt, denn ich konnte sie mit Überzeugung spielen. Ich muß überzeugt sein, sonst kann ich gar nichts.

Ein künstlerischer Mensch braucht für seine Schöpfungen Kraft. Woher nimmst du deine?

Ha, aus meiner Begeisterung! Aus meiner Ekstase! Das ist so, wie wenn einer trinkt und sich besäuft – so besaufe ich mich mit Kunst. Natürlich brauche ich auch die schöpferischen Pausen, in denen mich die Muse küßt. Und wenn sie mich nicht küßt, ist's mir auch egal.

Gibt es Grenzen zwischen Kunst und Kitsch?

Ach, das ist eine interessante Frage! Für die meisten ist der Jugendstil schon unglaublicher Kitsch. Für mich ist Jugendstil einfach herrlich. Ich sag immer: I love Kitsch. Auch er ist eine Ausdrucksform. Was ist eigentlich Kitsch? Eine Übersentimentalisierung? Gut, aber die triffst du auch, wenn die Braut in Weiß heiratet und sozusagen als Opferlamm mit Schleier auftritt. Ist das nicht auch Kitsch? Aber alle Welt liebt es und würde nie behaupten, es sei Kitsch. Es ist Emotion. Ist es eine »falsche« Emotion? Nein, warum auch?

Nimm diese sogenannten Kitsch-Novellen: Die schreibt das Leben alle fünf Minuten. Du brauchst nur mal die Zeitungen durchzublättern, und da siehst du es: Frau verliebt sich in ich-weiß-nicht-wen und opfert sich. Oder: Mädchen heiratet nach Amerika und wird Millionärin – »Aschenputtel«. Sind Märchen Kitsch? Warum sind sie es nicht? Wo verläuft die Grenze zwischen Kunst und Kitsch? Das ist mir nicht klar. Zwischen Kunst und Kitsch kann ich überhaupt nicht unterscheiden.

Den floralen Jugendstil, der bei den meisten als absolut kitschig verschrien ist, liebe ich über alles. Wenn ich mir als junges Mädchen so einen Blumenkranz aufsetzen und dazu tanzen konnte, schwebte ich im siebenten Himmel. Wie sehr wünschte ich mir solchen Jugenstilschmuck, wie ihn René Lalique für die große Schauspielerin Sarah Bernhardt gefertigt hat. Ich war besoffen davon! Eine Brosche, eine Nadel, sie atmen, sprechen – hinreißend! Sachliche Kunst finde ich scheußlich. Da räkele ich mich doch lieber mit Begeisterung auf einem Tigerfell rum.

Du ziehst keine Grenze zwischen Kunst und Kitsch?

Nein, guck dir doch an, was hier bei mir in der Wohnung steht – das ist alles Kitsch. And I love it! Stört mich doch überhaupt nicht. Im Gegenteil, ich finde es herrlich. So wie ich es arrangiere und hinstelle, ist es ein Kunstwerk für mich. Vasen mit Blütenmuster – natürlich sind sie kitschig, aber sie animieren mich. Und sie haben mit mir persönlich zu tun, weil ich das Ornamentale über alles liebe. Jugendstil ist überladen, selbstverständlich, aber warum denn nicht? Ich bin es auch.

Kann der Mensch ohne Kunst leben?

Man kann überleben, wie man in der Wüste oder als Schiffbrüchiger allein auf einer Insel überleben kann, aber *leben?* Kunst ist Ausdruck von Leben. Und sie fordert auch Opfer: schwere Arbeit. Ein Bildhauer, ein Maler, ein Schriftsteller – sie alle arbeiten doch bis zur Erschöpfung! Und jemand, der als Tänzer Erfolg haben will, übt und übt, bis er zusammenbricht. Ein großer Pianist quält sich, um mit seinen Interpretationen große Kunst zu schaffen. Das ist Schnickschnack, wenn der Volksmund behauptet, Künstler würden nicht arbeiten. Der Durchschnittsbürger sieht nur das glamouröse Resultat und denkt, das haben die nur so hingerotzt. Das ist natürlich Blödsinn. Er sieht nicht, was dahintersteckt. Das Talent ist nur *ein* ganz wichtiger Teil. Arbeit ist der größte, disziplinierte Arbeit.

Brauchst du, um schreiben zu können, Zwang oder Druck?

Jein. Ich bin von Natur aus schrecklich faul. Manchmal kommt der Druck von innen, weil mich etwas treibt. Aber ich bin Leuten sehr dankbar, die mich von außen antreiben. Rosa von Praunheim zum Beispiel verdanke ich mein erstes Buch. Ich hätte es nie geschrieben, wenn er mich nicht so bedrängt hätte. Er hat mir gedroht, es selbst zu schreiben, wenn ich es nicht täte. Ich glaube, ich brauche Druck, sonst würde ich nur dahernödeln.

Gib mir eine Bewegung
die mich besoffen macht

Über Tanz und Theater

Schon immer haben die Menschen getanzt. Tanz wurde von den primitivsten Völkern zum Ritual erhoben; man bewegte sich eben anders, als man sich normalerweise bewegt. Tanz besitzt auch eine religiöse Dimension. Mit seiner Hilfe befreit man sich vom Schmerz und äußert seine Freude. Tanz gehört einfach zur menschlichen Entwicklung, zur menschlichen Seele. Für den Menschen ist der Tanz eine Erweiterung des normalen Bewegungsablaufs – hin zu einem erhöhten Lebensgefühl. Ein gesteigertes Lebensgefühl, das unbedingt notwendig ist. Ich brauche es!

Im Lexikon heißt es zu Tanz: »Von Musik begleitete Bewegungen des Körpers, die seelischen Zuständen Ausdruck verleihen, dramatische Vorgänge wiedergeben oder, vor allem als Paar- oder Gruppentanz, der gesellschaftlichen Unterhaltung dienen.«

Na ja, das ist sehr dröge. Aber richtige Elemente sind schon dabei. Dem Tanz begegnen wir immer wieder in der Geschichte, in den Religionen der Völker. Aber man kann nicht einfach sagen: »der Tanz«. Es gibt den Gesellschaftstanz, den Veitstanz, den Tanz um das Goldene Kalb. Manche Tänze wurden von der Kirche als sündhaft verboten, weil sie Angst hatte, daß die Menschen sich durch Tanz zu sehr befreien und so dem Einfluß der Kirche entziehen.

Ein Pfarrer in unserer Gegend hat einmal zu einem Sommerfest vor der Kirche eine Bühne aufbauen und dort Cancan tanzen lassen.

Na, das ist ja herrlich. Und was war los? Skandal! Was hat den Pfarrer dazu veranlaßt? Lebensfreude! Das finde ich herrlich. Tanz ist auch Erotik, ist Sexualität. Nimm den Tango, den Blues, die Bauchtänze. Tanz ist eine Erweiterung des Lebensbewußtseins, er drückt das Leben selbst aus. Und Menschen, die keine Freude an Liebe, an Sexualität und Erotik haben, verdonnern ihn, weil sie Berührungsängste haben. Sie können Tanz nicht nachempfinden.

Vor einigen Jahren gab es den Film »Dirty dancing« ...

Herrlich, den fand ich unheimlich schön. Und dieser Tänzer, Patrick Swayze, war ja out of this world. Aber es war natürlich kein »dirty dancing«, sondern die sinnliche Beziehung zwischen Mann und Frau, ausgelebt im Tanz. Das hat mir sehr gefallen.

Die Kunstform des Tanzes, das Ballett, ist eine sehr unsinnliche Angelegenheit, eine Formsache. Eine Ballerina im klassischen Ballett ist doch keine erotische Erscheinung. Wir nehmen sie als reine, klare Linie wahr. Diese Tanzform ist etwas ganz anderes als der Tanz eines Zigeuners, als der Flamenco oder die Volkstänze. Ich liebe die spanischen Tänze, weil sie alles an Eros und Sexualität ausdrücken. Dort ist Tanz ein Ventil für die von der katholischen Kirche unterdrückte Lebensfreude.

Bist du bewußt keine Ballettänzerin geworden?

Ja, mein Körper war einerseits gar nicht fürs Ballett geeignet. Andererseits war es mir auch zu kalt, zu technisch. Wenn ich mir viele Ballerinen anschaue, dann kommt es mir immer so vor, als vollbrächten sie bei ihrem Lifting und Heben akrobatische Zirkusnummern und nichts Spontanes. Ich bewundere das Ballett, ich finde es ästhetisch unerhört schön, aber es selber auszuüben hat mich nie gereizt – dazu liebe ich Spontaneität viel zu sehr! Ballett ist eine wunderbare Tanzform, aber eine sehr esoterische, sehr technische. Während der Ausdruckstanz, das sagt ja schon das Wort »Ausdruck«, ein Tanz ist, der von den Emotionen und der Seele kommt. Das liegt mir mehr, das bin ich.

Was gibt dir der Tanz?

Eine unglaubliche Befreiung. Die Juden an der Klagemauer zum Beispiel schütteln sich, wiegen ihren Körper hin und her, streuen sich Asche aufs Haupt, drehen sich: Das ist ein Tanz der Trauer, und sie befreien sich von dem großen Schmerz, der sie sonst zu ersticken droht. Oder die Griechen: Die Frauen schlagen sich an die Brust, werfen die Arme zum Himmel – das alles ist Tanz. Die großen klassischen Klagechöre wurden alle getanzt. Der moderne Ausdruckstanz hat vieles davon aufgenommen. Als ich in Zypern war, spielte ein griechisches Ensemble ›Die Perser‹ von Aischylos. Als ich den Klagechor mit seinen wunderbar freien Bewegungen sah, fragte ich: »Hat dieser Choreograph in Deutschland studiert? Das ist Ausdruckstanz, das ist wie bei Mary Wigman.« Und richtig, er *hatte* in Deutschland studiert, ist das nicht interessant?

Wie bereitest du dich auf deine Performances vor?

Ich kenne meine Texte, und ich weiß, worauf ich im Rhythmus und im Tempo Wert legen muß. Ich liebe es – was heute kaum noch geschieht –, die Worte durch weite, ausladende Bewegungen zu unterstreichen. In den dreißiger Jahren hat Gustaf Gründgens bei Harald Kreutzberg, dem großen Ausdruckstänzer, Unterricht genommen, um das Wort aus der Bewegung zu entwickeln. Ich sah ihn damals als »Hamlet«, das war ein ganz großes Erlebnis. Unglaublich! Ich mußte mich heimlich in die Vorstellung schmuggeln, denn als Jüdin durfte ich kein Theater mehr besuchen. Gründgens stand an einer Säule, ganz in Schwarz. Ich erinnere mich noch genau an seine Hände, die hinter der Säule hervorkamen: schneeweiß! Und dann hob er eine Hand: »Sein oder Nichtsein.« Es herrschte eine solche Spannung durch diese eine Bewegung, daß die Stille laut wurde. Alle waren fasziniert!

Was drückst du lieber aus mit deinem Körper? Töne, Worte, Laute ...

Das ist ein großes Zusammenklingen wie bei einem Orchester. In früheren Zeiten sang man die Texte heraus. Ich besitze eine Kassette von Alexander Moissi, dem großen österreichischen Schauspieler: Darauf rezitiert er Goethes Gedicht ›Über allen Gipfeln ist Ruh‹ und Hamlets »Sein oder Nichtsein« in melodischer Sprechweise, fast wie einen Psalm. Na, mach das mal *heute* auf der Bühne! Die Leute würden denken, du hast 'ne Macke! »Sein oder Nichtsein« – stocknüchtern spricht man das jetzt, aber damals: Ausdruck, Bewegung ... irre! Es klang natürlich vollkommen unrealistisch. Der Theaterbesucher ist aber so in eine Welt geführt worden, die ihn in eine unerhörte Ekstase und Phantasie versetzt hat.

Heute darfst du kaum die Hände oder die Arme bewegen. Wenn ich spreche, bewege ich mich und ich bewege andere. Ich deklamiere zum Beispiel in einem Gedicht von Rabindranath Tagore mit immer mehr ersterbender Stimme: »Weh mir, meine Flügel, meine Flügel ... gebrochen ... und tot, tot.« Und dabei zittern und flattern meine Hände wie eben diese gebrochenen Flügel. Der Raum knistert vor Spannung, vor Dramatik, vor Atmosphäre.

Was ist für dich das Wichtigste bei deiner Arbeit auf der Bühne?

Das Zusammenbringen von Körper, Sprache, Musik und Bewegung. Ja, das ist immer noch mein Ideal. Ob es nun modern ist oder nicht. In den sechziger, siebziger Jahren und auch heute noch war und ist auf der Bühne vor allem Understatement gefragt. Furchtbar! Es ist »in«, seinen wunderbaren Frust raushängen zu lassen. Davon halte ich gar nichts. Ich will mir im Theater doch keenen ruff und runter langweilen und vielleicht darüber nachdenken, was ich morgen zu Mittag koche. Deshalb passe ich ja stilistisch in keine Theaterproduktion rein, weil ich *zuviel* bin. Ich bin schwer zu verdauen, verstehst du?

Ich sollte einmal in einer Produktion des Schillertheaters mitspielen: ›Hexenjagd‹ von Arthur Miller. Eine kleine Rolle: so eine Dorfschlampe, die jeder noch einmal bumst, bevor er nach Hause geht, und ihr dann ein paar Cents rüberwirft. So ein richtiges Dreckstück hat Arthur Miller da gezeichnet, eine saufende, nach Urin stinkende Vettel. Ihre Szene spielt im Kerker, aber statt Strohhaufen hatten die Bühnenbildner Betten hingestellt. Sag ich: »Kinder, was soll das, ist das hier ›Schöner Wohnen‹?« Dann kam's noch doller: Zu dem vermeintlichen Teufel sollte ich sagen: »Majestät, ich komme!« Ich hab mir die Bluse zerrissen und mit meinen Titten gewackelt – eben genauso, wie es diese Figur machen muß. Na, da war vielleicht was los. Alle total außer sich – Skandal! »Ja, aber Frau Huber, wir sind ein Staatliches Haus...« Haha! »Kinder, laßt mich in Ruhe«, habe ich gebrüllt, total in Rage, »macht euren Scheiß allein. Was wollt ihr eigentlich von mir?« Schließlich hatten sie mich doch geholt, weil sie es anders haben wollten als üblich! Na ja, spielte ich eben nicht mit.

Aber ich schweife ab, wir waren doch beim Tanz, oder? Also, dieses Zusammenwirken von Bewegung, Sprache und Musik ist etwas unglaublich Schönes. Das ist Tanz. *Ich* kann mich nicht einfach nur so hinsetzen und sprechen. Ich muß agieren, aus mir raus können.

Faszinierend an südländischen Menschen ist, daß sie wild gestikulieren, mit Händen und Füßen sprechen. Meine Mutter fand das immer furchtbar – zu orientalisch. In Deutschland machte man das nicht. Wenn ich beim Reden mit den Händen fuchtelte, ermahnte sie mich: »Sprich nicht so mit den Händen! Das ist ja fürchterlich.« Natürlich vollkommener Blödsinn, denn ich verkrampfte mich dadurch total. Später lernte ich eine spanische Diseuse kennen, eine große Chansonnette, die von Beirut ins damalige Palästina gekommen war. Wie die ihre Hände bewegte!

Der Tanz lebt eben nicht nur von Technik. Natürlich ist es herrlich, aus einem großen technischen Fundus zu schöpfen, aber das allein reicht nicht aus, um mich zu faszinieren. Gestern hab ich das Musical ›Kiss me, Kate‹ gesehen, eine amerikanische Produktion, und saß bis sechs Uhr morgens vor dem Video. Es war sagenhaft, tänzerisch so etwas von irre! Bewegung und Spannung – einfach überwältigend! In anderen Szenen waren sie perfekte Ausdruckstänzer, sie beherrschten alles: Es war eine vollendete Darbietung aus Song, Tanz und Sprache.

Wie kamst du eigentlich zum Tanz?

Immer wenn ich Musik hörte – ich war noch so ein kleiner Fratz, konnte kaum laufen, fing ich an, mich zu drehen und zu tanzen. Ich wußte selbst nicht, warum. Und meine Mutter staunte: »Schau dir das Kind an! Es kann noch nicht laufen, und es tanzt schon!« Bekannte rieten ihr: »Du mußt das Kind unbedingt in einer Tanzschule anmelden.« Außerdem war es sehr schick, daß ein Mädchen aus guter Familie Unterricht in einer Ballettschule bekam.

Ich war immer eine sehr begabte Schülerin. Ich tanzte schon früh – ohne zu wissen, warum – sehr pantomimisch, sehr schauspielerisch und nie abstrakt. Jede Geste füllte ich mit Inhalt, das war meine Natur. Ich wurde dann rausgepickt und mußte solo tanzen, weil ich nicht nur rumhüpfte. Wenn ich sprang, war das Freude. Wenn ich die Hände vors Gesicht schlug, war das Schmerz, verstehst du? Und die Musik! Rachmaninow, Chopin und Grieg – wie habe ich sie geliebt! Ihre Musik ist wie Literatur. Sie erzählt eine Geschichte, sie löst eine Geschichte in mir aus.

Und der Tanz kam aus mir selbst, ich war immer mein eigener Choreograph. Was mir beigebracht werden sollte, fand ich meist langweilig. Ich sagte, nein, nein, ich mach allein, und hatte damit wahnsinnigen Erfolg. Die Technik war vollkommen wurscht, ich kümmerte mich gar nicht um sie. Natürlich beteiligte ich mich an den Exercicen, aber das war nicht die Hauptsache. Und ich hatte mehr Erfolg mit meinen darstellenden Szenen als Leute, die acht Pirouetten drehten, Spagat vollführten und sich überschlugen. Weil ich den Menschen tanzend eine Geschichte erzählte.

Hast du Kontakt zu Tänzerkollegen in Berlin?

Nein, mein Stil ist out (lacht). Tanz wird immer technischer. Als wir für meinen Film ›Anita Berber – Tänze des Lasters und der Begierde‹ vortanzen ließen, waren die jungen Tänzerinnen kaum fähig, etwas darzustellen, aber drehten wunderbare Pirouetten, vollführten große Arabesquen, machten Spagat und erstklassige Sprünge. »Kinder«, sagte ich, »ich will keine Zirkusvorstellung! Gib mir keinen Spagat, gib mir keine Spaghetti! Keine Pirouette, gib mir eine Bewegung, die mich besoffen macht! Laß mich das fühlen!« – »Aber, Frau Huber, das macht man heute nicht mehr, das ist doch altmodisch.« Na, halleluja, ich mußte mich direkt bremsen, meinte dann aber doch: »Vielleicht, mein Kind, aber es fasziniert immer noch.« Diese jungen Tänzerinnen konnten nicht gestalten, weil es ihnen ausgetrieben worden war, sie durften es nicht.

Ich finde, daß Ballett etwas unglaublich Schönes ist, aber wenn man *ein* Ballett gesehen hat, hat man *alle* gesehen. Weil immer wieder die Pirouetten, die technischen Bravourstücke vorkommen, immer wieder der Lift zelebriert wird, wo der Tänzer die Tänzerin in die Höhe stemmt. Das kann von unglaublicher Eleganz und Schönheit sein, aber im Grunde genommen ist es ständig dieselbe Form. In ein Korsett gepreßt, hat dies nichts mehr mit Erotik zu tun, auch nichts mehr mit Leben, mit Darstellung. Außerdem stammen die Themen und Geschichten aus dem 19. Jahrhundert – meist mit einem Prinzen und irgendeiner blöden Prinzessin, die befreit werden muß und verzweifelt hilfeheischend auf ihren Zehenspitzen herumtrippelt. So etwas kann heute niemanden mehr ansprechen, ist unwichtig geworden. Ich verändere meine Themen ständig und komme – der Zeit entsprechend – zu neuen Inhalten.

Kommst du nicht doch auch auf alte Inhalte zurück? »Liebe« zum Beispiel?

Liebe ist kein »alter Inhalt«, ist zeitlos, überdimensional. Die Form ist das Wichtige – *wie* ich etwas mache. Um mit einem großen Philosophen zu sprechen: Es ist alles schon mal auf dieser Erde gewesen. Es ist nur eine Frage der Ausdrucksform. Heute kann ich natürlich nicht mehr so tanzen wie früher, weil mir die körperliche Kraft dazu fehlt, das ist klar. Aber ich kann es vermitteln. Ich gebe ja immer noch Unterricht in tänzerischer Improvisation, um Menschen ein neues Lebensgefühl zu vermitteln. Neulich haben wir einen Tango einstudiert nach einer Melodie aus den zwanziger Jahren. Meine Leutchen wollten unglaubliche Drehungen und Figuren machen, aber ich sagte: »Nein, ihr geht, als wärt ihr ineinander verschmolzen, einfach nur durch den Raum, mal diagonal, mal rundherum. Trennt euch nie!« Das war sehr schwer, aber sie waren sagenhaft. Es war so schön, so stark, ein Erlebnis der Bewegung von einem Körper zum anderen.

Tanz hat viele Gesichter. Am meisten liebe ich die Spanier, weil sie die Verbindung geschaffen haben von Tanz und Ballett, von Ausdruckstanz und Schauspiel. Das ist getanztes Theater, das finde ich ideal. Beim klassischen Ballett ist das ganz anders: Es ist einfach nicht möglich, von einer Ballerina eine freie Bewegung zu bekommen, weil sie sich sofort ins Kreuz wirft, den Körper kontrolliert und sich versteift. Eine brillante Form zwar, aber eben nur eine Form. Der Körper wird als Instrument benutzt, aber nicht um des Körpers willen, sondern wie eine Geige, ein Cello, weißt du, was ich meine? Der Körper dient diesen vorgeschriebenen Techniken, und das ist auf die Dauer schrecklich für mich, denn es hat nichts mehr mit der Freude am Tanz zu tun, mit seinem Ursprung. Aber was soll's, eine Kunstform ist schließlich eine Kunstform. Es geht nicht darum zu sagen, das ist guter Tanz und das ist schlechter Tanz. Das läßt sich nicht verallgemeinern, man muß nur wissen: Wo gehöre ich hin?

Leute, die nichts mit Tanz zu tun haben, sich nicht trauen, verschenken etwas von ihrem Lebensgefühl. Das ist sehr traurig. Ich versuche immer, den Menschen, die zu mir kommen, ein erweitertes Lebensgefühl zu geben. Ob du dich klein machst oder aufrecht sitzt und dich offen gibst – das ist ein ganz gewaltiger Unterschied. Wenn du dich hängen läßt, überkommt dich Depression, ohne daß du weißt, warum. Und wenn du dich verklemmst, bekommst du auf die Dauer eine ganz andere Mimik. Du kannst nicht verkrampft dasitzen und gleichzeitig selbstbewußt wirken. Du vergewaltigst einen Körper durch solche Bewegungen. Oft zwingt die Gesellschaft dir eine solche Haltung auf, und das macht dich krank. Ich hatte Schüler, die mit hängenden Schultern zu mir kamen. Und wenn ich sagte, heb mal die Arme, dann konnten sie es oft nicht. Sie wußten gar nicht, was ich meinte. Ich übertreibe nicht. Nach einer Weile konnten sie es, waren offen – eben ganz andere Menschen. Das ist immer wieder eine großartige Erfahrung.

Wichtig ist auch, *wie* du Menschen begegnest. Man beobachtet Leute und denkt, wie sieht der denn aus? Was macht denn der? Sieh mal, du kannst das schönste Geschöpf sein, aber wenn du dich verbiestert in die Ecke stellst und dann noch guckst wie drei Tage Regenwetter, dann denken alle: »Der arme Kerl, wie der dasitzt!« Körpersprache ist Bezug zur Gesellschaft, zum Beruf, zur Karriere, zur Liebe, zu allem.

Ich brauch mich oft gar nicht mit Leuten zu unterhalten: Ein Blick genügt, und ich weiß, was los ist. Sie kommen auf mich zu, sind vor Angst ganz aufgeregt und haben nasse Hände. Dann ermuntere ich sie: »Liebling, hier wird kein Leistungssport getrieben. Du machst, was du kannst, und dann sehen wir weiter.« Wenn ein Neuer kommt, ermutige ich ihn: »Mann, das hätte ich nicht gedacht, das ist ja gut, was du machst, weiter so!« Ich nehme ihnen die Angst und vor allem den Komplex zu glauben: Um Gottes willen, das kann ich ja gar nicht. Ich sage ihnen immer: »Du kannst das, und du kannst noch viel mehr.« Und dann kommt's raus.

Ich habe oft Lehrerinnen erlebt, so besonders beschränkte Kühe, die den Leuten die Kraft nehmen durch ihre Kritik und ihre Unduldsamkeit. Ich dagegen sporne an: »Mach eine Sache, mach sie ganz winzig, aber mach sie richtig. Später erweiterst du sie und erweiterst und erweiterst« – so geht das bei mir.

Meine Schüler tanzen und bewegen sich nicht nur bei mir, sondern ziehen verschiedene Kostüme an – was heißt Kostüme:

Fummel –, oft mit einer unglaublichen Phantasie. Die Stunden beginnen mit Bodengymnastik zum Aufwärmen, zu sehr schöner, manchmal meditativer Musik. Wenn wir damit fertig sind, rufe ich: »So, jetzt sucht sich jeder was vom Ständer, fummelt sich was zurecht und zieht sich an, wonach er sich heute abend fühlt. Weites Gewand, enges Gewand, Turban, alles, was ihr wollt, und dann tanzt ihr und bewegt euch entsprechend.« Da kommen Sachen raus! Denn sie tragen Klamotten, die sie im Alltagsleben nie anziehen würden. Sie verwandeln sich und bringen das zum Ausdruck, was sie normalerweise unterdrücken oder was nicht herauskommen darf. Das ist besser als jede Psychiatercouch (lacht).

Wenn ich zum Beispiel hochdramatische Musik auflege und jemand vollkommen verdattert dasteht und völlig erschlagen ist, während andere loslegen und durch die Gegend rasen, dann beruhige ich ihn: »Du mußt nicht. Guck es dir an. Relax. Wenn es dir nicht liegt und du glaubst, du kannst es nicht, laß es.« Ich zwinge nicht. »Warte halt auf andere Musik«, sage ich. Interessant an der Gruppe ist, daß die Leute nicht herkommen, weil sie 'ne Macke haben, sondern weil sie bedrückt oder unbefriedigt sind von irgend etwas. Sie beziehen sich nicht aufeinander, das heißt, sie haben Angst, auf den Partner zuzugehen. Und ich rate: »Tanz nicht für dich allein.« Jeder will immer für sich allein. Das ist typisch für unsere Zeit, wo auch in der Disco jeder für sich allein rumhampelt. »Bezieht euch. Faßt euch an!« – »Nein«, wehren sie dann immer ab. Sie haben Berührungsängste, das kannst du dir gar nicht vorstellen! Mein Unterricht ist ein regelrechter Heilungsprozeß.

Sind da schon Beziehungen entstanden?

Ja, sehr schöne und auch gar nicht so schöne. That's life, Baby. Aber das ist bereichernd. Meine Schüler freuen sich auf unsere Stunden. Sie können bei mir machen, was sie sich zu Hause nie trauen. Dort sitzen sie mit ihren Ollen, steigen in die Betten – rin, raus –, und fertig ist die Laube. Dann drehen sie sich um und lesen ein Buch. Das ist doch kein Leben.

Tanz ist also auch ein Mittel, um Sinnlichkeit auszuleben?

Ja, ich habe das schon oft erlebt. Ich traf mal einen Freund in Korfu wieder, da war er schon fast siebzig. Ich war seine große Liebe gewesen, über vierzig Jahre vorher. »Entsinnst du dich noch«, fragte er, »wie du mich in Haifa zum Essen eingeladen hast? Du hattest ein wundervolles Dinner zubereitet. Dann zogst du dich wie eine Haremsdame an, ich mußte mit gekreuzten Beinen sitzen, und du hast vor mir getanzt.« Ja, das hab ich gemacht: »Salome«. Solche Sachen habe ich getrieben! Und er hat es nie vergessen!

Meine Mutter war keine leidenschaftliche Tänzerin, mein Vater dagegen sehr. Er war ein guter Gesellschaftstänzer, er konnte es nur nicht ausleben. Wären die beiden bei mir im Unterricht, würde mein Vater lostanzen. Meine Mutter säße auf dem Flur und würde mit einem süffisanten Lächeln die Szenerie beäugen.

Wie bist du eigentlich zum Cabaret gekommen?

Ich mußte. »Erst kommt das Fressen und dann die Moral«, sagt Bertolt Brecht. In Jerusalem gehörte ich zu einer Tanzgruppe, alle so'n bißchen abgehoben. Dann kam der Krieg, wir jungen Tänzerinnen hatten kaum etwas zu essen, weil der esoterische Tanz niemanden mehr interessierte. So gingen wir alle ins Cabaret. Cabaret ist Entertainment, nicht nur Tanz und abstrakte Themen. Cabaret ist die Nacht, ist Menschen anfassen, Menschen interessieren mit dem, was du machst. Es darf keine rein technische Akrobatik sein, das hab ich kapiert und umgesetzt. Endlich konnte ich das verwirklichen, was schon lange in mir steckte und was ich bisher zurückgenommen hatte.

Früher imponierten mir oft diese reinen Formsachen. Ich dachte, das sei edle Kunst, aber letztendlich war es große Scheiße und vor allem furchtbar langweilig für mich. Erst im Nachtklub kam ich zu meinem Stil: Unterhaltung *und* Bezug zu Menschen.

Dadurch lernte ich sehr viel, und ich habe nie bereut, daß ich als Nachtklubtänzerin gearbeitet habe. Ich gewann eine unglaubliche Bühnensicherheit, und heute kann mich überhaupt nichts aus dem Konzept bringen, denn ich improvisiere sofort. Das können Schauspieler gar nicht. Sie haben ihr Programm, werden vielleicht nervös und dann: »Um Gottes willen!« Wenn bei mir mal was nicht klappt, mach ich was anderes.

Du standest also im Nachtklub auf der Bühne, unten soffen die Leute und unterhielten sich, und du mußtest versuchen, sie zu erreichen?

Ja, und ich habe sie immer erreicht, und es war sehr schön. Cabaret gehört zu den schwersten Kunstformen. Was ich heute mache, ist letztlich auch Cabaret, »Performance« ist der neue Ausdruck. Ich erzähle den Leuten zwischendurch Geschichten aus meinem Leben oder was ich über das Chanson denke, das ich da gerade vortrage. Und das ist so persönlich, als würde ich mit dir plaudern. Die Leute finden es jedenfalls interessant, denn sie werden nicht mit konstruierten Chansons und Geschichten überschüttet, sondern mit Leben. Cabaret ist die schwerste Form der Unterhaltung, weil du die Aufmerksamkeit der Leute gewinnen mußt. Ins Theater gehen die Menschen mit einer anderen Einstellung. Sie haben ihr Ticket bezahlt, fünfte, sechste Reihe, so, jetzt Vorhang auf, unterhalte mich, gib mir etwas. Sie sind bereit, sich der Vorstellung unterzuordnen. Im Cabaret nicht, und deshalb ist es viel schwerer.

Da kommen auch manchmal Zwischenrufe ...

Ja. Aber bei mir nicht! Da kannst du dich drauf verlassen.

Hast du Vorbilder?

Ich habe überhaupt kein Vorbild. Denn ich mache alles so, wie ich es machen *muß*, wie mein Körper es verlangt. Ich habe Leute sehr verehrt, bewundert, aber Vorbild? »So möchte ich auch sein« sagen und dann nachahmen? Nein, das kam für mich nie in Frage. Ich wollte nicht sein wie Mary Wigman oder wie Harald Kreutzberg. Sie haben mir ungeheure Anregungen gegeben, aber ich wollte immer sein wie Lotti Huber.

Warum hast du dich für den Ausdruckstanz entschieden?

Weil ich eine sehr explosive Person bin! Das ist wahr, mein Schatz.

Gibt es Grenzen bei dieser Tanzform?

Ja, ich kann mich nicht in die Lüfte erheben. Man kann eine gewisse Technik erlernen, so wie ich sie gestern in diesem Musical erlebt habe, wo ein Tänzer einen solchen Sprung machte, daß ich dachte, er kommt überhaupt nicht mehr runter vom Himmel. Aber die Schwerkraft zieht einen immer wieder zu Boden. Der Tanz hat seine Grenzen, und jede Bewegung unterliegt einer Beschränkung.

Und Grenzen in bezug auf andere Kulturen?

Ich weiß nicht. Können wir die ursprünglichen Tänze von Stämmen nachvollziehen? Vom Intellekt her glaube ich schon, daß ich mich zu einem Stamm begeben und mittanzen könnte – mittenmang. Ein schwarzes Ballett in New York kann sich zwar die ganze moderne europäische Tanzkultur aneignen, aber ich denke nicht, daß dieses Ensemble ohne Vorbedingungen, ohne Vorübungen europäische Tänze tanzen könnte. Aber vielleicht doch ... Der Tanz ist eine Ausdrucksform, die man unglaublich schnell absorbiert. Das hieße dann, daß der Tanz quer durch die Nationen schwebt. Ja, das gefällt mir.

Aber mit der Musik ist es nicht so. Ich verstehe japanische und chinesische Musik nicht, die türkische genausowenig. Bei einem Konzert auf Zypern hatte ich wirklich mal das Gefühl, als würde einer Katze auf den Schwanz getreten, während die Türken vor Begeisterung außer sich gerieten. Das Tongefühl ist eben ein anderes. Aber es gab auch in Berlin eine Zeit, in der man Igor Strawinsky nicht verstanden hat. Heute ist er ein Klassiker.

Tänze sind zu bestimmten Zeiten auf Ablehnung gestoßen.

Ja, wegen der verlogenen Moral der Gesellschaft. Den Walzer etwa empfand sie als total unanständig, weil man sich umfaßte, während man sich vorher nur die Hände gereicht und Menuette getanzt hatte. Die Ablehnung der physischen Berührung geht auf Kirche und Gesellschaft zurück – alle voller sexueller Hemmungen und Frustrationen. Wenn ein Tanz mit all seinen Drehungen und Verbeugungen Ausdruck einer Gesellschaftsform ist, dann ist er kein ursprünglicher Tanz mehr.

Würde ich in einem afrikanischen Stamm losrasen und mich frei bewegen, würden alle lachend zustimmen: »Ah, bravo!« Aber würde ich da losstelzen und ein Menuett tanzen, hieße es: »Die ist verrückt!« Weil das eine künstliche Form und das andere Leben ist.

Glaubst du, daß deine tänzerische Karriere anders verlaufen wäre, wenn du nicht ins KZ gekommen wärst?

Nein, ich glaube, ich wäre sowieso nicht beim Tanz geblieben. Ich wäre Schauspielerin geworden, denn alles in mir drängte zum Ausdruck, zum Wort, zur Sprache. Der Tanz hätte mir als Basis sicherlich unwahrscheinlich viel genutzt, und ich hätte ihn auch be-nutzt. Ich glaube sogar, daß ich eine sehr gute Schauspielerin geworden wäre.

Aber du bist es ja geworden.

Ich meine in der damaligen Zeit!

Gibt es eine tänzerische Figur, die du noch verwirklichen möchtest?

Manches könnte ich physisch nicht mehr. Du mußt bedenken, daß ich fast achtzig bin. Ich kann mich in jeder Beziehung nur noch selbst darstellen. Ich könnte den Tanz in eine schauspielerische Rolle einfließen lassen. Wenn ich eine alte Pionierin, eine »Mutter Courage« darstelle, die dann aus irgendwelchen Gründen zu tanzen anfängt, dann kann ich das wahrscheinlich besser als jede Schauspielerin, weil ich Tänzerin war.

Hält Tanzen dich jung?

Immer dieses Jungsein! So eine Scheiße! Ich halte nichts von solchen Fragen. Was heißt, es hält mich jung? Nichts hält einen jung. Man geht seinen natürlichen, biologischen Gang. Ich bin auch nicht jung, überhaupt nicht jung! Ich lehne es ab. Wenn ich jung wäre, wäre ich ja ein Naturwunder. Wenn ich jung im Geiste wäre, wär ich obendrein bescheuert. Aber Tanzen hat mich mein ganzes Leben hindurch begleitet, ist meine Schwester, mein Bruder, mein Geliebter.

Es hält dich am Leben?

Es hält mich nicht am Leben, es *ist* Leben!

Manchmal hätte ich Rosa
wollte ich aber nur Rosen können

Über Film, Erfolg, Mode und Egoismus

In einer Show wurde ich einmal gefragt, ob sich bei meinen Filmen mit Rosa von Praunheim eigentlich zwei Verrückte begegnet sind. Da wollte mich dieses Schätzchen von Talkmaster ein bißchen provozieren. »Zwei Verrückte?« antwortete ich, bescheiden, wie ich bin, »nein, zwei hochbegabte Menschen haben sich da getroffen. Doch keine Verrückten!« Rosa kommt aus einer ganz anderen Ecke als ich, er versteht mich manchmal überhaupt nicht, und das ist auch gut so: Es wäre ja fürchterlich, wenn er mit seinen jungen achtundvierzig eine achtundsiebzigjährige Frau hundertprozentig verstehen sollte. Aber was mich an ihm beglückt, ist seine Phantasie, seine bizarre Art, Dinge zu sehen, und sein Mut, sie auch auszusprechen.

Ich hab ja Glück gehabt mit ihm! Er ließ mich immer galoppieren. In Rosas Filmen zeige ich nur *eine* Seite von mir, das Schrille, Laute, Überkandidelte, das sich wunderbar austoben konnte. Wenn ich mit anderen Regisseuren arbeite, flehen die mich immer an: »Aber bitte nicht so wie bei Rosa von Praunheim.« Da bekommen sie wohl Angst vor der Courage, mich überhaupt engagiert zu haben. Na ja, ich bin eben sehr schwer zu führen. Und das Wunderbare bei Rosa ist, daß er mich nicht führt, sondern mich läßt, und zwar an langer Leine. Ich habe gerne mit ihm gearbeitet. Die meisten anderen Regisseure machen mich krank mit ihrer Langeweile, ihrer Blutlosigkeit.

In deinem letzten Film ›Affengeil‹ hast du dich mit Rosa einige Male gefetzt. War das eigentlich inszeniert, oder war es »echt«?

Es war so echt wie im Leben! Der Streifen hatte Premiere bei den Filmtagen in Hof 1990 und schlug dort mächtig ein. Obwohl ich Rosa vorher prophezeit hatte: »Ich hasse diesen Film! Wir haben uns so oft gestritten, das kann nur in die Hose gehen.« Aber die Leute in Hof gingen während der Vorstellung richtig mit: »Ja! Bravo! Gib's ihm!« brüllten sie, als sie sahen, wie ich mich im Film gegen Rosas nervende Attacken zur Wehr setzte. Das war wie zu Shakespeares Zeiten, als das Publikum auf der Galerie mitfieberte: die Bösen auf der Bühne haßte, die

Guten liebte, dabei Kirschen aß und die Kerne runterspuckte. Wunderbar!

Rosa und ich zanken uns immer wie wahnsinnig. Ich kontere dann meist: »Liebling, du bist dreißig Jahre jünger als ich. Achtundsiebzig Jahre kann man nicht zurückleben. Du mußt zu mir kommen, nicht umgekehrt. Und wenn du das nicht kannst, dann wartest du eben noch ein bißchen. Aber *ich* mache keine Konzessionen! Ich bin nicht so alt geworden, damit *du* mir jetzt auf der Nase herumtanzt.« Bis jetzt ist es Rosa ja gelungen, alle, mit denen er gearbeitet hat, fertigzumachen. Die einzige, bei der er sich die Zähne ausgebissen hat, bin ich. Und das nimmt er mir sehr übel. Er hat mich als sein Werk betrachtet, als sein Kind. Welch ein Quatsch! Ich habe mich selbst entwickelt. Ich habe mich nur präsentiert: »Hier bin ich! Jetzt laß uns zusammen was machen!«

Ich liebe ihn, denn er ist es gewesen, der mich zum Theater und zum Film gebracht hat. Er wird immer mein Freund bleiben. Das, was er für mich getan hat, werde ich ihm nie vergessen. Ich lasse mich nur nicht von ihm in die Enge treiben. Du hast es ja in ›Affengeil‹ gesehen: So manches war vorher nicht vereinbart oder geprobt. Das waren wirklich echte Reaktionen, momentane Notwehr sozusagen. Und die Kamera lief. Ungelogen, manchmal hätte ich Rosa wirklich abmurksen können.

Denkst du an die Szene mit diesem alten Mann, der im Laufe des Gesprächs mit dir immer ungeschminkter antisemitisches Zeug von sich gibt?

Diese Szene war reiner Zufall und gleichzeitig eine »Sternstunde«. Wir hatten gerade im Berliner Tiergarten gedreht und machten eine Pause, als der Kerl mit seinem Pudel angetrottelt kam. Rosa sah ihn, sein siebter Sinn ließ innerlich eine Signallampe aufleuchten. Er nickte mir zu: »Du, sprich mal mit dem. Hier haste zehn Mark. Sag ihm, er soll sich ein Bierchen koofen. Und dann frag ihn doch mal, wie das früher so war.« Und der Typ kommt ins Quatschen und läßt so peu à peu seinen

Antisemitismus raushängen – sagenhaft. Es hätte ja in die Hose gehen und sturzlangweilig werden können. Doch im Gegenteil! Das war – obwohl eigentlich scheußlich – von der filmischen Situation her ein Glücksfall.

Wie hast du dieses Gespräch eigentlich beendet? Man sieht im Film nur, wie du anfangs lächelst und dann, als der Mann so scheinbar harmlos daherredet, zunehmend versteinerst.

Er lallte nur seinen Propaganda-Scheiß, den man ihm vor fünfzig Jahren eingetrichtert hat. Ich bekam eine solche Wut, daß ich einfach aufstand und polterte: »Schluß! Aus! Erledigt! Schnitt!« Der Alte wußte überhaupt nicht, was los war, und saß da wie Piefke im Salat, verstehste? Rosa hat dann wahrscheinlich Dankeschön gesagt, und der Typ ist wieder mit seinem Wauwau Gassi gegangen. Dem ist, nehme ich an, bis heute nicht klar geworden, was da eigentlich abgelaufen ist.

War das einfach Gedankenlosigkeit?

Ja, unheimlich. Und deshalb als Szene auf den Punkt gebracht. Denn sie zeigt deutlich den Bewußtseinsstand solcher Leute. Nur für Rosa war alles noch nicht genug. Nach der Szene nervte und provozierte er mich weiter. Typisch für ihn! Da hätte ich ihm am liebsten eine geknallt. Meine Wut war richtig echt, als er mich fragte: »Was hast du bei dem Gespräch empfunden?« Was soll ich, außer Wut, empfinden bei dem Gestammel dieses »alten Kackers« – ja, so hab ich ihn, glaube ich, genannt in dem Film. Ich habe keine Lust mehr, meine Energien an solch Unbelehrbare zu verschwenden.

Was fällt dir ein zu dem Begriff »Film«?

Gar nüscht. Ich liebe Filme. Ich bin filmbesoffen. Und für mich ist Film ein unglaublich interessanter Ausdruck meiner selbst. Film ist Theater. Eine Form des Theaters. Durch Projizieren von Aktionen und Bildern auf die Leinwand. Das ist es.

Mit deinen Filmen wurdest du erfolgreich. Wie gehst du mit diesem Erfolg um?

Es ist sehr schön, Erfolg zu haben. Aber wenn man vom Erfolg besoffen gemacht wird und der Erfolg einen beherrscht, ist er ein Teufel. Erfolg schmeckt natürlich sehr süß. Und wie viele Süßigkeiten kann man vertragen? Erfolg ist ein ganz weiter Begriff. Erfolg ist nicht nur Anerkennung einer Leistung, sondern Erfolg ist auch Fortschritt: Wissenschaftlicher Erfolg zum Beispiel führt zu neuen Erkenntnissen. Auf jeden Fall ist Erfolg notwendig im Leben eines Menschen – und sei es in noch so kleinem Rahmen –, notwendig, um ihm das Leben zu versüßen.

Aufgrund deines Erfolges bist du ein überall gern gesehener Gast ...

Ja, meine Palette ist breit. Selbst Stehempfänge lasse ich mir gefallen. Aber gäbe es *nur* so etwas, würde ich mich zu Tode langweilen. Ich liebe Gegensätze, ich liebe das Bunte. Es ist doch vollkommen lächerlich, sich festzulegen. Ich lege mich nie fest. Ich bin ein Kolibri, der mal hierhin und mal dorthin flattert. Und ich lerne viele Menschen kennen, jeglicher Couleur: Elegante, Grobe, Ästheten, Zarte – alles liebe ich, alles schlucke ich, alles erlebe ich. Nur Politiker langweilen mich. Politiker sind grundsätzlich grauenhaft. »Ideologen logen«, hab ich mal gesagt, denn sie logen immer und lügen heute noch. Und lassen sich immer ein Hintertürchen offen ...

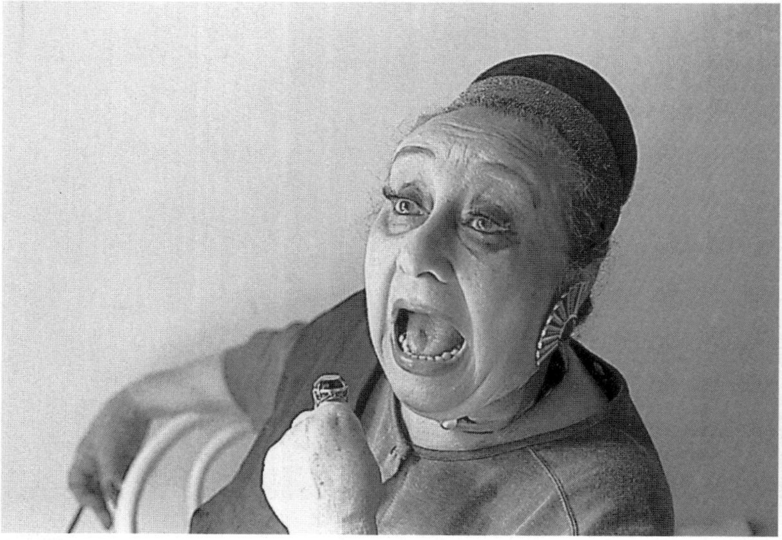

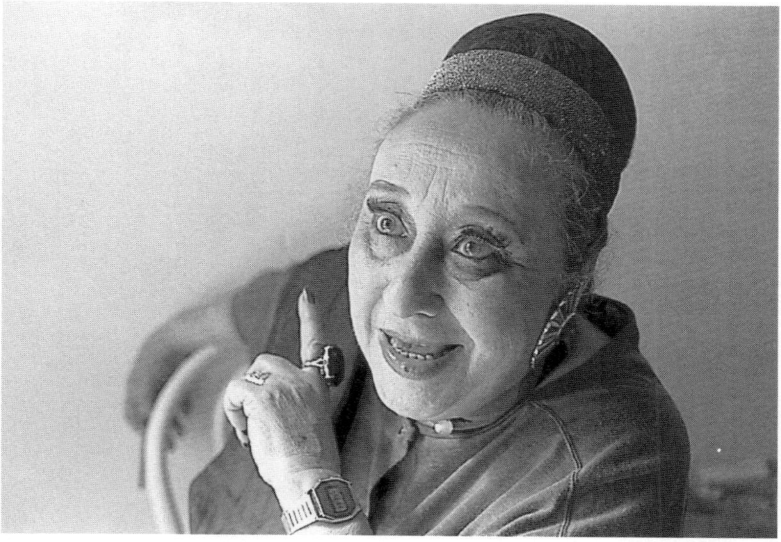

III Berlin 1987: Im Gespräch

V »Meine Mutter im Alter von 72 Jahren und ich.
Wie sich die Bilder gleichen ...«

VI

VI–VIII Wuppertal 1991: Im Kommunikationszentrum »Die Börse«

IX Berlin 1984: Im Tempodrom

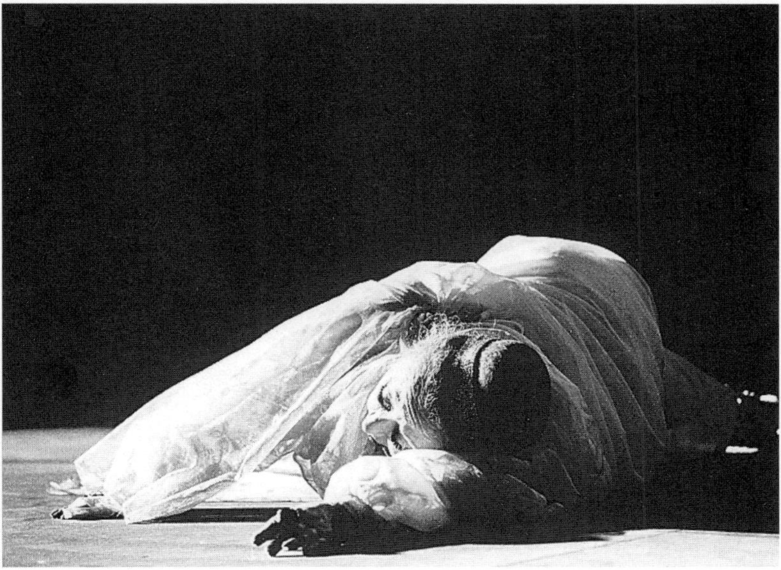

X Wuppertal 1991: Im Kommunikationszentrum »Die Börse«

XIII Cabo São Vicente 1991: In einer Fernsehrolle als portugiesische »Mutter Courage«

XV

XVI Wuppertal 1991: Nach einer Performance

Hattest du mit deiner Mode Erfolg in deinen Filmen?

Wenn du sagst, meine Mode, dann meinst du meine Art, mich zu kleiden, oder wie?

Ja. Das ist ja deine Mode.

Es ist nicht meine Mode. Ich kleide mich nicht modisch, sondern wie es mir paßt, und das ist vollkommen unabhängig von »der Mode«. Die zwanziger Jahre hatten eine Mode, die dreißiger Jahre hatten eine Mode, *meine* Mode ist zeitlos. Eigentlich ist nichts meine »Mode«.

Dann gibt es für dich keine Mode?

Im landläufigen Sinne nicht. Ich bin nicht abhängig von »der Mode«. Ob es heute à jour ist, Langes oder Kurzes zu tragen, Hosen anzuziehen oder keine, auf hohen oder niedrigen Absätzen herumzustelzen – das alles ist für mich nicht ausschlaggebend. Ich trage, was bequem ist. Und es muß meine Persönlichkeit ausdrücken.

»Mode« wird diktiert von Modemachern. Du *kannst* in diesen Kollektionen einen Fummel finden, der dich und deinen Geschmack befriedigt, der Ausdruck deiner Persönlichkeit ist, es *muß* aber nicht sein. In diesem Fall würdest du dich zwar modisch kleiden, wärst aber nicht abhängig von dem, was gerade en vogue ist. Mode ist ein Tyrann, dem sich viele Leute beugen. Es gibt Menschen, die sich der Mode so unterwerfen, daß von ihnen selbst nichts mehr übrig bleibt. Dieses »Das ist jetzt ›in‹, das ist jetzt modern, das trage ich auf Deuvel-kommraus, auch wenn ich noch so bescheuert und abscheulich damit aussehe« ist doch furchtbar. Eine humorvolle Frau meinte mal, daß die Modelle deshalb so scheußlich sind, weil die meisten Modedesigner schwul sind und Frauen hassen (lacht). Das ist natürlich Quatsch, aber wenn ich mir so manche Frauen ansehe, könnte ich daran glauben.

Oder denk an eine Frau mit Haaren bis zur Hüfte, herrlichen, hinreißenden Haaren, die eines Tages gesagt bekommt: »Meine Liebe, das ist aber völlig ›out‹, Kurzhaarschnitt ist modern.« Und weil es Mode ist, schneidet sie ihre ganze Pracht ab. Sie ist dann eine Sklavin der Mode. Wenn sie sich aber selbst sagt, ich schneide mir die Haare nicht ab, sondern ich trage sie sogar in goldenen Zöpfen, ist das nicht »Mode«, sondern Eigenwilligkeit – der Mode zum Trotz.

Mode verdummt die Menschen zuweilen sehr. Als in den sechziger Jahren Männer wieder lange Haare trugen, beschimpfte man sie als Nichtsnutze: »Du Schmutzfink kannst dir erstmal die Haare schneiden lassen! Oder hat sich dein Friseur den Arm gebrochen?« Wie lange ist es denn her, daß Beethoven, Liszt und andere große Künstler ihre Haare bis auf die Schultern getragen haben? Das war *damals* die Mode. In den sechziger Jahren war es ein Skandal, Eigenwilligkeit, Ausdruck einer Befreiung. Aber Spießer hielten lange Haare für unmännlich, für liederlich, für ich-weiß-nicht-was. Das ist doch das Allerletzte!

Hast du irgend jemanden, der für dich entwirft?

Kaum, ich entwerfe meine Sachen fast immer selbst. Mit Kostümbildnerinnen von Theater und Film habe ich oft große Schwierigkeiten, weil sie mich überhaupt nicht verstehen. Sie wollen mich in Kostüme zwängen, ohne mich und meinen Körper studiert zu haben. Immer verkrache ich mich mit denen. Meistens stehe ich in der Theatergarderobe und stelle fest: »Ich bin keine Leberwurst, ich bin Lotti Huber. Und ich entwerfe meine Sachen selbst!«

Früher habe ich sie sogar selbst genäht, dazu fehlt mir jetzt die Zeit. Aber ich bestimme, wie der Ärmel sitzen, wie dies und jenes fallen soll. Ich finde auch fertige Sachen zum Anziehen. Wie diese Jacke, die ich anhabe: zugegeben, nichts Dolles, aber mir gefiel der Stoff, die Farbe, das Lockere. Deshalb habe ich sie vor fünf Jahren gekauft, ziehe sie heute noch an und bin glücklich. Sie gefällt mir noch immer – ist doch vollkommen Wurscht, wie alt etwas ist.

Weißt du, vor zwanzig, dreißig Jahren war ich sehr, sehr schlank und zog mich körperbetont an, weil ich das liebte. Wenn ich mich heute körperbetont anzöge, sähe ich aus wie die besagte Leberwurst. Ich muß mich meinen körperlichen Bedingungen anpassen. Ich liebe alles, was schwingt und sich bewegt, weil ich vom Tanz komme. Deshalb kleide ich mich so. Mode ist auch Sittengeschichte und hat sehr viel mit Sinnlichkeit und mit Sex zu tun. Die großen weiten Röcke und die tiefen Dekolletés – man war zwar damals sehr tugendhaft, durfte kein Bein zeigen, aber dafür zeigte man viel Busen. So hatte man den beruhigenden Ausgleich (lacht).

Und es gab Zeiten, wo Frauen ihre Reize verbergen mußten. Aber dennoch gelang es ihnen, mit unglaublicher Raffinesse erotische Akzente zu setzen. Trotz des Mantels der Tugend, der Hochgeschlossenheit waren diese Frauen manchmal aufregender als die heutigen, die sozusagen im Slip auf die Straße rennen. Nacktheit ist nicht so erotisch wie Halbnacktheit, ein Oberschenkel mit Strumpfband ist erotischer als einer ohne.

Aber Mode hat nicht, wie viele meinen, nur mit Geschmack zu tun, sondern ist auch Zeitgeist, Ausdruck einer Zeit, Ausdruck von Gesellschaftsbewußtsein. Jahrhundertelang mußte sich eine bürgerliche Frau anders kleiden als eine Aristokratin. Und ein Zimmermädchen wieder anders. Und wehe, wenn es sich unterstand, sich zu kleiden wie Angehörige höherer Stände. Gretchen fühlt, daß sie den Schmuck, den Faust ihr schenkt, gar nicht tragen darf – es kam ihrem Stand nicht zu. Für eine Aristokratin wäre es selbstverständlich gewesen. Heute kannst du dich kleiden, wie du willst, ob du 'ne Putze bist oder eine Lady – nur die Mäuse, die Piepen mußt du haben, die Fummel zu bezahlen.

Macht es dir Spaß, dich anzukleiden?

Ich bin ja sooo eitel, du machst dir keinen Begriff. Ich bin unglaublich eitel! Ich kann hundertfünfzigmal in den Spiegel gucken, Farben und Formen kombinieren und mich dann freuen, wenn alles stimmt. Heute nehme ich am liebsten Stoffe, die ich kaum zuschneiden muß, die ich einfach über meinen Körper werfe und die anfangen zu sprechen, sich zu bewegen und zu fließen. Guck dir andere Frauen in meinem Alter an: mit ihren Kostümen, Hütchen und Täschchen. Das paßt alles nicht zu mir, ich würde vergehen, ich würde sterben. Darum bin ich nicht modisch – im strengen Sinne.

Frauen unterwerfen sich nicht nur dem Modediktat, sondern auch den Wünschen ihrer Männer: »Wenn du das anziehst, gehe ich nicht mit dir aus, tu dies nicht, tu jenes nicht.« Grauenhaft! Diese Frauen bestehen nicht auf ihrem eigenen Stil. In den siebziger Jahren – damals kam gerade die Hosenmode auf – besuchte die Frau eines Professors meinen Unterricht. Die beiden wurden auf eine Cocktailparty eingeladen. Sie wollte natürlich im Hosenanzug gehen, aber er bestimmte: »Ich gehe nicht mit dir, wenn du Hosen trägst.« Das Ende vom Lied war, daß sie die einzige Frau im Rock war, während die anderen jungen Arztfrauen alle in schicken Hosen herumstanden. Sie kam sich furchtbar doof vor und heulte sich am nächsten Tag bei mir aus. Ich meinte dann nur: »So, jetzt gehen wir runter aufn Ku'damm in das schickste Geschäft und kaufen einen Hosenanzug, der sich gewaschen hat. Und wenn du zur nächsten Party nicht in diesen Hosen gehst, dann fliegst du aus meinem Unterricht und ich will nichts mehr von dir wissen.« Beim nächsten Fest zog sie das Teil an – gegen den Willen ihres Mannes – und hatte einen Riesenerfolg.

Hattest du nie Auseinandersetzungen mit Männern wegen deines Outfits?

Nein, weil mich Männer erst gar nicht angemacht haben, denen ich in meinem Aufzug nicht gefiel. Ich kannte nur Männer, die mich toll fanden, verstehst du (lacht)? Und wenn so ein schüchternes: »Warum ziehst du dich so an?« kam, antwortete ich kurz und bündig. »Weil es mir gefällt.« Und damit war die Diskussion beendet.

Was hat Mode mit der Persönlichkeit eines Menschen zu tun?

Was soll die Frage? Du kleidest dich doch auch sehr persönlich. Stell dir mal vor, ein spießiger Modemacher, der dich überhaupt nicht versteht, würde dich einkleiden. Du wärst todunglücklich. *Du* bestimmst doch, was du anziehen willst. Und das ist richtig! Du mußt den Ärmel spüren, den Stoff. Die Lust, wenn er sich bewegt, ist doch etwas Herrliches! Könige setzen sich Kronen auf, werfen sich Purpurmäntel über die Schultern – was ist das? Das ist Ausdruck von Power, von Persönlichkeit. Persönlichkeit kann sich aber auch anders ausdrücken: Ein Mann mit Geld kommt in Jeans, Sporthemd und Turnschuhen auf eine Party und gibt damit zu verstehen: Mit meinen Millionen kann ich mir das erlauben. Das ist Anti-Mode, die auch Mode ist. Und alle finden das exzentrisch und hochinteressant. Hätte er nur drei Mark fuffzig auf dem Bankkonto, hieße es: »Was will das arme Schwein hier?« So ist es doch, oder nicht?

Heute gibt es keine so starre Kleiderordnung mehr ...

Also, ich finde das erst mal herrlich. Das ist Emanzipation, Befreiung von der Uniformierung: Alle *müssen* nicht die gleichen Kleider tragen, jeder kann machen, was er will. Ich finde heute die Mode und wie Menschen sich anziehen einfach toll. Es gibt glücklicherweise keine Gesetze mehr: der eine so, der andere so. Gerade die jungen Menschen sind darin hemmungslos. Finde ich hinreißend. Ich bin begeistert.

Deine Art, dich zu kleiden, macht auf viele einen sehr egozentrischen Eindruck ...

Was heißt egozentrisch, was heißt egoistisch? Egoismus ist eine wichtige, eine lebenserhaltende Eigenschaft. Ein Mensch ohne Ego und Egobewußtsein geht kaputt. Das ist natürlich. Egoismus ist ein wahnsinnig weiter Begriff. Auch eine scheinbar so uneigennützige Frau wie Mutter Teresa ist egoistisch. Ihr Egoismus äußert sich darin, Menschen zu beglücken. Und ein Mensch wie Jesus, der sich mit Jüngern umgab, ist auch ein Egoist. Sonst wäre er nämlich allein spazierengegangen.

Das fängt ja schon gut an ...

Natürlich, ja! Menschen, die führen wollen, müssen Egoisten sein. Aber ich habe gar nichts gegen Egoisten. Ich setze meinen Egoismus gegen ihren Egoismus, und es kommt darauf an, wie wir uns einigen. Ein Schauspieler beispielsweise muß besonders egoistisch sein, sonst kann er sich gar nicht ausdrücken, kann nicht bestehen. Die Leute, die immer den Egoismus kritisieren – die Kirche zum Beispiel –, die fordern, man müsse sich hingeben und bescheiden sein, das sind die Unbescheidensten. Der ganze Vatikan mit seinem Prunk und seinem Reichtum ist bestimmt nicht auf Bescheidenheit aufgebaut worden. Oder?

Die Kirche sagt aber auch, liebe deinen Nächsten wie dich selbst ...

Das ist der große Widerspruch. Die kirchlichen Würdenträger akzeptieren einerseits, daß man sich selbst liebt, aber verurteilen andererseits den Egoismus. Und was würde dann, ohne Egoismus, mit der Liebe zu dem anderen passieren? Gar nüscht. Darüber haben sie nicht nachgedacht. Das sind so Slogans, mit denen man Mäuse fängt, mit denen man versucht, die Leute zu catchen.

Aber Egoismus ist doch Selbstsucht, eine Eigenliebe, die unfähig ist, zugunsten anderer auf etwas zu verzichten, also nur auf den eigenen Vorteil bedacht ist?

Was soll ich dazu sagen? Das sind menschliche Verhaltensweisen, die manchmal notwendig sind, um existieren zu können. Ich finde einen gesunden Egoismus, der einen frei macht von der Barmherzigkeit anderer, besser als ein Betteln um milde

Gaben, das einen abhängig werden läßt vom Mitleid. Für mich heißt Egoismus, das zu machen, was ich gerne möchte, auch wenn es meinen Nächsten nicht gefällt. Das heißt für *mich* leben und nicht für jemand anderen.

Und wenn du jemand anderen in seiner Lebensweise störst?

Dann bin ich bereit, große Konzessionen zu machen. In meiner zweiten Ehe habe ich viel von meinem Egoismus aufgegeben, weil ich Norman sehr liebte. Es war mir sogar ein Bedürfnis, ihn aufzugeben, weil es Norman glücklich machte. Hingabe ist auch eine Form von Egoismus. Denn du bekommst etwas zurück: Dankbarkeit und Liebe, die du einkassieren willst.

Ist der Ausspruch »Jede Zeit ist meine Zeit« egoistisch?

Nein, wie kommst du darauf? Das ist Neugierde: Jede Zeit ist meine Zeit. Ich sage nicht: »Damals war es so schön« oder »Also, zu meiner Zeit ...« Und dann wird alles in rosigem oder grauem Licht dargestellt. *Nein!* Hier und jetzt, das ist das Leben. Das heißt nicht, daß man Erfahrung vergessen kann. Man muß darauf aufbauen und diese Erfahrung genießen. Aber nicht immer nur zurückschauen. Damals war es wahrscheinlich genauso ekelhaft wie heute oder – bei den Nazis – sogar noch schlimmer. Das Damals hat sein Rauf und Runter, sein Licht und seinen Schatten wie jede andere Zeit. Und jede Zeit ist aufregend.

Ich fülle jede Zeit mit meinen Reaktionen. Ich stehe mittendrin und verstehe sie und bekämpfe sie oder bekämpfe sie nicht. Aber ich ignoriere sie nicht, das will ich damit sagen. Das ist doch Leben! Setz dich auseinander! »Greift nur hinein ins volle Menschenleben! Ein jeder lebt's, nicht vielen ist's bekannt, und wo ihr's packt, da ist's interessant.« Das ist Lebensfreude und kein Egoismus. Du hackst soviel auf »Egoismus« herum. Ich bin, also denke ich. Ich denke, also bin ich. Diese beiden Sätze sind natürlich richtig. Aber ich sage: Ich lebe, ich bewege mich, also bin ich.

Das sagt Lotti Huber.

Ja. Ob ich dabei viel nachdenke, weiß ich nicht. »Sometimes I sit and think, and sometimes I just sit (lacht).«

Aber mal im Ernst: Natürlich gibt es so etwas wie gesunden Egoismus. Durchsetzungskraft, Überlebenskraft – die mußt du haben. Sonst kannst du überhaupt nicht existieren. Ich bin nicht für: »Wenn dir einer ins Gesicht schlägt, halte die andere Backe hin.« Ob Jesus das wirklich gesagt hat, möchte ich doch stark bezweifeln – wahrscheinlich hat man ihm das untergejubelt. Das ist nicht mein Lebensideal. Ich würde sagen: »Schlag ihm zurück in die Zähne.« Alles andere ist verlogen und eine entsetzliche Selbstaufgabe. Wenn einer dich schlägt, die andere Seite hinhalten – bist du verrückt geworden? Das ist ein fürchterlicher Satz. Das ist Unterwerfung, das ist den Menschen zum Sklaven machen. Was tut man eigentlich ohne Egoismus? Gar nichts! Du gehst ein wie ein Gänseblümchen. Egoismus hat viele Gesichter. Ich zum Beispiel bin offen für Menschen, in meiner Wohnung ist ein ständiges Kommen und Gehen. Das ist *meine* Form des Egoismus. Ich liebe das. Wenn ich es nicht lieben würde, wäre es schlimm. Wenn ich mich überrollen lassen würde von den Leuten, dann wäre es ja nicht zum Aushalten. Aber ich lasse mich nicht überrollen. Wenn es mir zuviel wird, sage ich stopp. Solange ich die Zügel in der Hand habe, ist es wunderschön.

Aber dieses soziale Getue von vielen Menschen, dieses Mutter-Teresa-Syndrom, wie ich es gerne nenne! Großmütter tyrannisieren und beherrschen so oft ihre ganze Familie. Sie drükken ihren Egoismus aus, indem sie durch ihre Güte, durch ihre Geduld alles an sich ziehen wie ein Staubsauger.

Schadet Egoismus einer menschlichen Beziehung?

Nein, warum? Wenn Norman, den ich sehr liebte und dem ich jeden Wunsch von den Augen ablas, mal keine Lust hatte, ins Theater zu gehen, steckte ich zurück. Die Hauptsache war, daß er sich wohl fühlte und glücklich war. Da zeigte sich mein Egoismus in anderer Form: Ich wollte Harmonie schaffen. Die Frage ist doch, wo fängt Egoismus an, und wo hört er auf? Die Hauptsache ist – lassen wir »Egoismus« mal weg – ein starker Wille und eine klare Zielsetzung. Egoismus bezieht sich doch meistens darauf, daß man den anderen klein macht. Man kann jemanden auch durch Liebe töten. »Ich mache das doch alles nur aus Liebe ...« Solche Sätze gibt es unwahrscheinlich häufig. Erpressung nenn ich das!

Mußtest du egoistisch sein, um im Film Erfolg zu haben?

Ja. Ich mußte mich durchsetzen und an mich glauben, das ist ja auch Egoismus. Sicher. Das mußte ich sehr, besonders bei Rosa, aber auch bei anderen. Ich habe manchmal in so belanglosen Filmen mitgewirkt, so kotzerbärmliche Rollen gespielt, die so unwichtig waren, daß ich mich mit ihnen überhaupt nicht profilieren konnte. Ich nahm sie nur an, weil die Gage stimmte. Da gab es keine Diskussion, die Nummern hab ich abgezogen, aber es interessierte mich nicht.

Es geht nicht darum, ob eine Rolle groß oder klein ist, es ist etwas anderes. Vor einigen Jahren spielte ich in einem Film eine kleine Rolle, eine aufgedrehte Amerikanerin, die in ein Konzert geht. Ich brachte einen Hut mit, und der Regisseur wollte mir dazu eine große Hornbrille verpassen. Ich lehnte ab: »Nein! Die setze ich nicht auf, weil dann mein Gesichtsausdruck absolut verdorben wird.« Und tatsächlich, nach wildem Hin und Her drehten wir die Szene ohne Brille. Das sind die Ellenbogen. Du mußt wissen, was du willst. Ich erinnere mich an eine Schauspielerin – die hat Rosa wahnsinnig gemacht, denn er will, daß seine Schauspieler selbständig sind –, die fragte: »Wie soll ich meine Hand halten? Soll ich den rechten Finger heben oder nicht, wenn ich das Glas nehme?« Das wollte sie allen Ernstes wissen! Wenn der Regisseur gefordert hätte: »Spreizen Sie den kleinen Finger ab«, hätte sie ihn abgespreizt. Aber Rosa sagte: »Um Gottes willen, machen Sie es, wie Sie wollen. Lassen Sie sich was einfallen!« Ich lasse mir dauernd was einfallen.

Wenn du drehst, woran merkst du, daß es ein wichtiger Film sein könnte, einer mit Erfolgschancen?

Das merke ich zunächst einmal an der Rolle, die ich spielen soll. Erfüllt sie mich in der Darstellung, in meiner Arbeit? Erfolgreich zu sein ist wichtig. Niemand soll mir erzählen, ein Schauspieler brauche den Erfolg nicht. Dann soll er sich nicht auf die Bühne stellen, sondern zu Hause sitzen und Erbsensuppe kochen.

Das ist etwas Wundervolles.

Erbsensuppe, ja (lacht)! Heute ist es wichtig für mich, in welchem Film ich mitspiele, welche Rolle ich bekomme. Wenn ich mich früher in einer Filmrolle mit einer Feder im Arsch irgendwo hätte hinsetzen sollen, wäre mir das vollkommen wurscht gewesen. Aber heute muß ich das nicht mehr, und ich habe auch keine Lust mehr dazu (lacht). Ja, ich bin erfolgsgebunden. Ich bin vielleicht ein Sklave des Erfolges, obwohl das hart klingt, aber ich liebe den Erfolg. Ich bin ein sehr williger Sklave (lacht).

Glaubst du, daß ›Affengeil‹ in den USA noch mehr Erfolg haben wird als hier?

Unbedingt. Weil die Amerikaner mehr Humor besitzen als die Deutschen. Außerdem glaube ich, daß mein Schicksal – das Schicksal einer europäischen Jüdin – und seine Darstellung die Amis sehr begeistern wird. Und ihnen gefällt natürlich, wie ich heute lebe. Sie werden emotional noch mehr davon berührt sein als die Menschen hier.

Ist »affengeil« ein Modewort?

Ja. In meiner Jugend hieß es »knorke« oder »dufte«. Das sagt man nicht mehr, heute heißt es bei den Jugendlichen eben »affengeil«. Vor kurzem hat mich allerdings ein kleiner Steppke korrigiert: »Weißt du was, Lotti, das heißt nicht ›affengeil‹, das heißt ›affentittengeil‹.« Da konnte ich nur sagen: »Danke für die Information.«

Wo liegt der Unterschied zwischen Dreharbeiten und einem Liveauftritt?

Bei Filmaufnahmen bist du sicher. Wenn etwas nicht klappt, sagst du eben: »Noch mal!« – oder du schneidest es raus. Bei Performances mußt du here and now gut sein. Wenn du versagst, ist es aus und vorbei. Du hast nur eine Chance. Ein Liveauftritt ist einmalig und deshalb sehr schwer, aber auch wunderbar.

Die Atmosphäre ist auch eine ganz andere, denn ein Kamerateam nimmt zum Beispiel deinen Auftritt anders wahr als die Zuschauer. Für mich ist das Urteil eines Kameramannes oder eines Technikers genauso wichtig wie das des Publikums, weil er etwas davon versteht. Wenn er sagt: »Es war klasse oder erste Sahne« – ein Lieblingsausdruck von ihnen –, dann ist es eben erste Sahne, und dann bin ich zufrieden.

Schließt du Kompromisse, um Erfolg zu haben?

Aaahhh ... das ist eine interessante Frage. Ich glaube nicht, daß man Erfolg haben kann, wenn man Kompromisse schließt. Auf der anderen Seite ist Kompromißlosigkeit etwas sehr Endgültiges und Unduldsames. Ich schließe Kompromisse, wenn ich glaube, daß es richtig ist. Aber ich schließe sie nicht, um Erfolg zu *haben*, sondern nur, um eine Sache zum Erfolg führen zu können.

Hast du Erfolg beim Publikum, weil du nie aufgegeben und immer wieder neu angefangen hast?

Ja, wahrscheinlich. Und ich habe Erfolg, weil ich den Menschen Mut mache, deswegen. Aus diesem Erfolg ziehe ich auch wieder Kraft, sonst hätte ich vieles gar nicht schaffen können. Mein Erfolg gibt mir Bestätigung, auf dem richtigen Weg zu sein. Und das ist sehr schön.

Hab ich dir von dem Anruf in der letzten Woche erzählt? Eine Frau von irgendeiner stinkreichen Rundfunkstation war dran. Sie wollten mich engagieren – und das ohne zu zahlen. Dieses blöde Weib kriegt doch auch jeden Monat seinen Scheck! Ich flötete: »Sagen Sie mal, arbeiten Sie auch umsonst? Wovon leben Sie? Warum erwarten Sie, daß jemand, der Ihr Programm füllt und durch den Sie Arbeit haben, umsonst arbeitet?« Die Frau meinte nur: »Das ist doch Publicity für Sie.« Da konnte ich doch nur zurückgeben: »Publicity kann ich nicht essen.« Damit war das Thema erledigt. So eine Chuzpe!

Steigt dir der Erfolg manchmal zu Kopf?

Nie, das kann ich wirklich mit gutem Gewissen sagen. Ich freue mich zwar über Erfolg, aber zu vermuten, er steige mir zu Kopf, ist vollkommen idiotisch. Ich werde ganz normal weiterarbeiten. Weil es mir einfach Spaß macht. Das ist für mich eine Selbstverständlichkeit und weiter gar nüscht.

Aber du hast doch alles erreicht, bist prominent, hast Hunderttausende von Fans. Was ist dein Ziel für die Zukunft?

Ich habe überhaupt kein Ziel. Ich lebe, und was kommt, kommt.

Im Grunde genommen
bin ich sehr schüchtern
und zurückhaltend

Über Temperament, Schönheit, Jugend und Weisheit

Ich war früher sehr impulsiv, raste los wie eine Wahnsinnige, weil ich mich über irgend etwas ärgerte. Das tue ich heute nicht mehr ... Du guckst mich so zweifelnd an?

Ja!

Ich halte mich sehr zurück – also, sagen wir mal: relativ. Der Mensch kann sein Temperament zwar nicht loswerden, aber er kann es beherrschen, kontrollieren. Und das mach ich doch ziemlich gut, oder? Im Grunde genommen bin ich sehr schüchtern und zurückhaltend. Das glaubt mir kein Mensch. Aber das ist selbst in meinen Handlinien zu lesen.

Aber in Talkshows läufst du doch unter dem Etikett »Ausgeflippte Alte«?

Das ist die ignorante Interpretation meiner Persönlichkeit von ignoranten Moderatoren. Mein Temperament wird oft mit Ausgeflipptheit verwechselt. Aber soll ich dir was verraten? Ich habe viel Temperament – switch on, und schon geht's los –, aber wenig Energie. Ich bin von Natur aus sehr faul – leider. Ich amüsiere mich darüber und stelle fest: Ich werde immer den leichteren Weg wählen, so es möglich ist.

Wenn du an die klassische Einteilung der Temperamente denkst, bin ich ein hundertprozentiger Sanguiniker. Cholerisch bin ich auf keinen Fall, phlegmatisch auch nicht, melancholisch schon gar nicht. Ich habe zwar manchmal traurige Momente, aber ich bin ein Sanguiniker.

Was hatten deine beiden Männer für ein Temperament?

Sie waren völlig verschieden, hatten aber eines gemeinsam: eine unglaubliche Verletzbarkeit und Empfindsamkeit. Ich glaube, ich ziehe Menschen an, die so veranlagt sind, und ich liebe solche Menschen. Meine beiden Männer kamen aus sehr unterschiedlichen Milieus: Alec aus einer kleinbürgerlichen Familie, was ihn überhaupt nicht tangiert hat, und Norman war so ein bißchen versnobt, middle class, nach upper strebend, sehr entzückend und sehr britisch. Beide waren hochinteressant! Der erste war viel verspielter, der zweite viel stilisierter. Norman habe ich physisch mehr geliebt, obwohl Alec ein größerer Liebhaber war: Mich reizten seine vornehme Verklemmtheit, seine Versnobtheit, seine very, very british Art.

Bist du ein sensibler Mensch?

Ja, das bin ich. Ich bin mehr als sensibel. Menschen gegenüber bin ich hellwach. Ich sehe und beobachte alles. Ich schaue nicht an Menschen vorbei. Obwohl ich eine große Egoistin und Egozentrikerin bin, werde ich mich immer auf den Menschen, dem ich begegne, hundertprozentig einstellen.

Diese laute »Quietsch-Huber« bist du also nicht?

Quietsch-Huber!!! Meine Männer wären doch wahnsinnig geworden! Irgend jemand stichelte mal Norman gegenüber: »Wie kannst du nur mit dieser Frau zusammenleben? Die muß dich doch verrückt machen mit ihrer nie endenden Quirligkeit!« Er antwortete nur: »Bei uns herrscht solch ein Friede, solch eine Ruhe. Ich habe noch nie einen so ausgeglichenen Menschen wie Lotti kennengelernt.« Das ist wahr. Ich hab viel Geduld mit Menschen. Aber wenn ich platze, dann ist es endgültig aus. Das ist der point of no return.

Brauchtest du in deinem Leben viel Geduld, um immer wieder neu anzufangen?

Das waren Zwangssituationen. Das hat nichts mit meiner Fähigkeit zu tun, geduldig zu sein. Ich mußte so handeln. Vielleicht war das weniger Geduld als ein gewisses Phlegma. Das klingt angesichts meines Temperaments komisch. »Kommst du heut nicht, kommst du morgen« war meine Einstellung. Das ist ein merkwürdiger Zwiespalt. Wer mich tanzen und im Affentempo über die Bühne rasen sah, dachte, ich sei ein Feuerball. Das bin ich. Aber ich bin auch ein ganz geruhsames Häuflein Asche.

Woher nimmst du deine Lebenskraft?

Die entwickelt sich! Ständig! Natürlich kannst du nicht plötzlich auftauchen und von einem Tag auf den anderen Kraft zeigen. Die Frage ist doch: Was ist dein Hintergrund ? Wie hast du gelebt? Wie hast du nicht gelebt? In welcher Beziehung bist du beeinflußt worden? Inwieweit hast du dich abhängig gemacht: von deiner Familie, von anderen Menschen? Konntest du dir deine Unabhängigkeit bewahren? Viele Menschen lehnen sich so sehr an ihre Familie an, daß sie ihre eigene Persönlichkeit verlieren. Sie fallen – meistens sind es Frauen – plötzlich, wenn die Kinder aus dem Haus sind, in ein seelisches Loch. In der Sexualität ist alles geloofen, in der Liebe auch. Sie haben keine Substanz mehr, sie sind fertig. Aber das haben sie sich selbst zuzuschreiben, ihrer Gedankenlosigkeit. Mein Motto ist: Du mußt, um dem Leben positiv gegenüberzustehen, dir erst einmal selbst positiv gegenüberstehen. Du mußt in den Spiegel gucken und sagen: »Erst komm ich. Ich liebe mich.« Wenn du allen immer nur hinterhertrottelst, kannst du keine Kraft entwickeln. Viele Frauen rechtfertigen sich: »Meine Aufgabe war es, meine Kinder zu erziehen.« Jetzt nimm das mal wörtlich: Auf-gabe. Sie geben sich auf – im wahrsten Sinne des Wortes. Das ist bitter.

Worin liegt dein Temperament begründet?

Ha! In Lebensfreude, in Überschwang, Überschuß an Kraft, Aufnahmekraft.

Ja, ja, wenn ich dich hier schon das dritte hartgekochte Ei essen sehe ...

Na, hör mal, das ist das zweite. Eier müssen immer zu zweit kommen, das ist ein Gesetz. Hitler hatte nur eines, deshalb war er so ein Hysteriker. Das war zwar nicht ausschlaggebend, hat aber seinen Seelenzustand sicher beeinflußt.

Warum macht dir Provokation so ungeheuren Spaß?

Aber ich provoziere doch gar nicht! Von was redest du denn? Ich provoziere nicht, ich unterhalte mich nur. Aber du stellst reizende Fragen, Schätzchen.

Ist es deine Lebensphilosophie, keine Schwächen zu zeigen?

Ja, ich glaube schon. Es ist zwar nicht direkt eine Philosophie, es ist ein Prinzip von mir. Ich zeige keine Schwäche, nicht nur weil Schwäche verachtet wird, sondern weil ich die Menschen mit meinen Problemen nicht belasten will. Aber eigentlich kann ich sie gar nicht belasten. Weil meine Probleme sie nämlich nicht interessieren.

Wie setzt sich Temperament zusammen?

Was ist eigentlich temperamentvoll? Du kannst nicht einfach sagen: Jemand, der auf den ersten Blick verschlossen wirkt, hat kein Temperament. Menschen, in deren Inneren es brodelt, können durchaus den Deckel draufhalten, so daß du von außen ihr Temperament kaum bemerkst. Ein Verhalten, das auf die Dauer sehr ungesund sein kann! Eine Frau dagegen wie diese hinreißende Theologin Uta Ranke-Heinemann, die immer gleich mit ihren Thesen loslegt, hat natürlich innerlich Temperament, aber sie läßt es auch nach außen. Temperament ist eine exhibitionistische Veranlagung, die nach außen drängt. Es kommt darauf an, daß man es zügelt, beherrscht und lenkt.

Muß Temperament etwas mit Begeisterung zu tun haben?

Ja. Ein introvertierter Mensch kann aber auch begeistert sein. Er äußert es nur in einer anderen Form. Vielleicht ist Temperament wirklich nur eine Formsache? Trotzdem können Temperamente auch nerven (lacht). Ich könnte beispielsweise nie mit einem Choleriker zusammenleben. Mit einem Phlegmatiker witzigerweise schon eher, weil ich selbst so extrovertiert bin.

Wie hängen für dich Temperament und Geduld zusammen?

Choleriker und auch Sanguiniker sind meistens eher ungeduldig, wenn sie nicht schnell genug zu Taten kommen können. Das kann sehr unangenehme Situationen hervorrufen. Um ein Ziel zu erreichen, braucht man Ruhe und Geduld. Mein Bruder hat die Amerikaner so gern gehabt, weil sie immer riefen: »Action! Action!« Er erzählte, wenn er den Amis was vorgeschlagen habe, dann seien die rangegangen. Und zwar nicht in sechs Monaten, in sechs Jahren, in sechzig Jahren, sondern sofort. Bei den Engländern heißt es dagegen: »Give it time! Let it develop. We shall see.« Das ist der große Unterschied. Wenn man von Charaktereigenschaften einer Nation sprechen will, würde ich die Engländer nicht als temperamentvoll bezeichnen, obwohl es natürlich auch dort temperamentvolle Menschen gibt. Amerikaner und Franzosen sind grundsätzlich ungehemmter. Ich glaube, das ist Erziehungssache. Durch eine Erziehung, die die Menschen auf Rückgrat trimmt, verkrüppelt das Temperament. Temperament braucht Freiheit, freien Ausdruck.

Engländer warten immer ab, vor allem in der Politik. Erst wenn der richtige Moment gekommen ist, schlagen sie zu. Aber manchmal warten sie zu lange, und dann geschehen Katastrophen: Denk an die Beschwichtigungspolitik gegenüber den Nazis.

Manchmal habe ich das Gefühl, daß auch die Dummheiten und die törichten Entscheidungen von einem großen Willen – ich nenne ihn nicht »Gott«; ich weiß nicht, wie ich ihn bezeichnen soll –, von einer großen Gesetzmäßigkeit vorprogrammiert sind. Ich muß das jetzt sehr vorsichtig ausdrücken: Selbst katastrophale Entscheidungen scheinen vorprogrammiert, damit eine neue Situation entsteht, sei es Zerstörung oder Aufbau. Die Natur, das Leben haben gewisse Gesetze, von denen wir noch lange nicht genug wissen. Zu diesen Gesetzmäßigkeiten gehört auch die Dummheit der Menschen. Ich frage mich immer, wie es möglich war, daß ein Mann wie Hitler Millionen Unschuldiger in den Tod schicken konnte und beinahe die ganze Welt zerstörte. War das ein Naturereignis wie ein Vulkanausbruch, wie ein Ungewitter? War die Zeit aus irgendwelchen Gründen reif für diese Zerstörung? Ich weiß es nicht. Ich ahne aber eine Gesetzmäßigkeit, die wir bei weitem noch nicht verstehen. Ich hab mal ein Gedicht geschrieben:

Ein kleiner Junge fragt

Gott, gibt es dich wirklich?
Und wenn es dich gibt, bist du wirklich so weise?
Wie kannst du Menschen, Kinder sterben lassen?
Wie kann ich an dich glauben?
Gib mir ein Zeichen!
Sag mir, warum!

Dieser großen dynamischen Gesetzmäßigkeit, die in das Leben eingreift, geradezu reinhaut, ist es völlig egal, wann einer stirbt und warum einer stirbt. Wir wollen, daß es einen Schutz gibt, daß es eine große Liebe gibt, aber beides existiert in meinen Augen nicht. Denn wie rechtfertigst du, daß selbst kleine Kinder brutal umgebracht werden, daß Gottes Wille das nicht verhindert? Daß Lebewesen ständig leiden müssen auf dieser Welt – Menschen, Tiere, Pflanzen? Wer sagt mir: Das ist Gottes Wille, und es ist gut? Mit dieser »Gesetzmäßigkeit« beschäftige ich mich immer wieder.

Wie hängen für dich Temperament und Alter zusammen?

Wenn einer temperamentvoll ist, dann ist er es, ob alt oder jung, das ist ganz egal. Er kontrolliert sein Temperament vielleicht mehr, aber es ist noch immer in ihm. Ich habe mir mein Temperament bewahrt, trotz meines Alters. Biologisch müßte ich mich ja der älteren Generation zugehörig fühlen. Ich kann zwar keine Luftsprünge, keinen Spagat, keinen Salto mehr machen und auch keine acht Pirouetten mehr drehen wie früher, aber es stört mich nicht. Denn ich folge den Gesetzen, dem Rhythmus und Ablauf des Lebens. Ich mache statt dessen geistige Sprünge – und manchmal viel höhere, als ich sie früher je gemacht habe.

Es gibt natürlich unglaublich tolle Menschen in hohem Alter, die ähnlich wie ich denken und leben. Sie sind selten, aber über sie freue ich mich, mit ihnen kann ich sehr glücklich sein.

Wir leben in einer Gesellschaft, die dem Jugend- und Schönheitskult anhängt. Wie stehst du dazu?

Tja, wenn ein junger Mensch sich nicht schön findet, kann das sein ganzes Leben zerstören. Schönheit ist eine wunderbare Sache. Aber warum soll man nur schön sein, wenn man jung ist? Das ist doch kompletter Blödsinn! Auch im Alter kann man schön sein, sehr schön sogar. Natürlich, man hat Falten, ist nicht mehr so knackig wie früher, na und? Es ist eine vergeistigte Schönheit, keine physische. Es ist nicht das glatte, faltenlose Gesicht, der schöne, schlanke Hals, der pralle Busen, der knakkige Po – trotzdem kann man unerhört schön sein. Aber was ist überhaupt »schön«? Wenn ich in Afrika 'ne Unterlippe von hier bis zum Ku'damm habe, dann ist das dort der letzte Schrei. Du fändest das wahrscheinlich weniger schön (lacht). Kennst du die bezaubernde Geschichte von Somerset Maugham: ›The Colonel's Wife‹? Die Engländer lieben ja meistens sehr schmale, knabenhafte, fast dürre Frauen. Die Frau dieses Colonels wurde nun aber immer fetter und war todunglücklich, denn ihr Mann verlor die Lust an ihr und faßte sie nicht einmal mehr an.

Dann wurde er in den Mittleren Osten versetzt – und was passiert? Irgendein Scheich, der diese Frau sieht, verliebt sich unsterblich. Er nimmt sie als Geliebte und behängt sie mit Juwelen, weil sie so wunderbar dick ist. »Wat dem eenen sin Uhl, is dem andern sin Nachtigall.«

Schön sind auch Menschen, die etwas erlebt, die viel gesehen haben. Da entdeckst du meist viel schönere, ausdrucksstärkere Gesichter als bei so jungen Püppchen. Ich zähl mich ja auch ein bißchen zu den schönen Alten, wenn ich meinen Fans Glauben schenken darf (lacht). Manche nehmen mir das richtig übel und giften über mich: »Ich versteh die Frau nicht! Was schminkt die sich, behängt sich mit Klunkern und takelt sich in ihrem Alter so auf?« Das ist doch eine Unverschämtheit, eine Gefühllosigkeit, eine Grausamkeit!

Warum hast du so viele junge Fans?

Weil ich lebe, weil ich beweglich bin. Weil ich geistig und seelisch noch nicht fossilisiert bin. Weil ich mich noch genau entsinne, was ich gedacht habe, als ich so alt war wie sie. Ich habe nichts vergessen, und ich decke nichts zu – was die meisten alten Leute tun. Und wenn die sich damals nicht so wie die jungen Leute heute verhalten haben – denn vor fünfzig Jahren gab es gar nicht die Möglichkeit, sich so zu verhalten –, dann sollte sie das Leben der heutigen Jugend interessieren. Für mich sind junge Menschen hinreißend spannend, und ich bin für sie spannend. Sie wollen wissen, was ich erlebt habe, und ich will wissen, was sie heute erleben. Warum soll man nicht offen sein? Ich bin vor dreißig Jahren nach Berlin zurückgekehrt, und ich habe damals Menschen von siebzehn, achtzehn Jahren kennengelernt. Einen habe ich vor ein paar Tagen wiedergetroffen. Und das Erstaunliche ist, daß ich den Jungen damals viel besser verstanden habe als denselben Mann jetzt mit Mitte Vierzig. Denn heute ist er fertig mit der Welt, entwickelt sich nicht mehr, obwohl er doch immer noch jung ist. Die Sache ist für ihn geloofen.

Wie kommst du mit den kleineren oder größeren körperlichen Unzulänglichkeiten im Alter zurecht?

Na, so gut wie möglich! Manchmal ist es für mich ein Handicap, nicht mehr all das zu können, was ich früher mit links gemacht habe. Aber die Natur hat mich sehr verwöhnt, und mit den Abnutzungserscheinungen kann ich leben. Das ist völlig in Ordnung.

Aber viele Menschen in deinem Alter, die durchaus gesund sind, haben Medikamente herumstehen, haben vielleicht mit dem Rauchen aufgehört und fahren nur noch zur Kur. Das tust du alles nicht.

Nein, weil es mich nervös machen würde. Ich folge den Gesetzen meines Körpers, ich lausche in ihn hinein, und ich behandle ihn so, wie er gerne behandelt werden will. Ich muß mich zum Beispiel nicht beherrschen, nicht zu trinken. Ich habe früher viel und gern getrunken, Whisky und Gin: Um diese Zeit hatte ich mindestens schon drei doppelte Gin Tonics intus. Aber heute sagt mein Körper, ich mag das nicht. Ich trinke nicht gegen seinen Willen. Wenn ich das Gefühl habe, Mensch, jetzt möchte ich ein Glas Schampus trinken, dann trinke ich es, und dann bekommt es mir auch. Wenn ich gegen meinen Körper trinke, werde ich krank. Mit dem Rauchen ist es genauso. Ich hab jetzt wegen einer Erkältung drei Wochen nicht geraucht. Ich mußte mich aber nicht wie ein Arzt ermahnen: »Rauchen Sie nicht!« Ich wollte nicht rauchen. Ich esse auch nur, wenn ich Lust dazu habe. Ob das nun morgens, mittags oder abends ist, ist doch vollkommen scheißegal! Irgendwann, jetzt! Ich unterliege nicht diesen Konventionen: Jetzt wird gefrühstückt, jetzt wird Mittag gegessen, das Abendbrot steht auf dem Tisch – das kenne ich nicht, das ist bei mir alles higgeldi-piggeldi-durcheinander. Und das ist viel gesünder. Denn wenn du essen *mußt,* weil es sieben Uhr ist und es um sieben heißt: »Jetzt wird gegessen«, dann ist das eine Vergewaltigung, oder nicht? Wenn mein Bäuchlein etwas Schnuckeliges haben möchte, dann gebe ich es ihm. So wie ich meiner Katze Moona eben die Sahne gegeben habe. Nun ist sie abgezischt, legt sich aufs Bett und pooft. Ist das nicht ein schönes Leben? Sie war noch nie krank in ihren elf oder zwölf Jahren, weil sie nach ihrem Gesetz lebt. Was ich bestens verstehe! Willste, willste – willste nicht, willste nicht.

Glaubst du, daß du weise geworden bist im Alter?

Ach, du lieber Gott! »Weise« ist so ein protziges, pompöses Wort. (singt) »Ja, ich bin klug und weise, und mich betrügt man nicht.« – ›Zar und Zimmermann‹, hast du die Oper gesehen? Ja, Liebling, weise? Ich bin nicht weise. Von Sokrates stammt der Satz: »Ich weiß, daß ich nichts weiß.« Und deswegen halten wir ihn für weise. Dem kann ich nur zustimmen. Und ich weiß, daß ich einiges weiß, aber das ist in dem großen Pott des Wissens sehr wenig. Ein paar Löffel voll.

Wo bleibt die Würde des Alters?

Im Arsch (lacht). »Würde« reimt sich auf »Bürde«. Ich finde, die Würde des Alters gibt es, aber es gibt genauso die Würde des Kindes, die Würde des Tieres, die Würde der Pflanze – also die Würde des Lebens. Lediglich das Alter würdig zu nennen ist eine wahnsinnige Begrenzung. Alt zu sein ist doch kein Verdienst, sondern eine biologische Entwicklung, und ein weißer Bart sieht so alt aus, so würdig, daß man immer denkt: »Gott, ist der weise.« Quatsch! Man kriegt weiße Haare, und der Bart wird grauer, fertig.

Die Würde des Alters hat vielleicht damit zu tun, daß man im Alter toleranter wird, einsichtiger wird, liebevoller. Aber wie viele sind das schon? Die meisten werden eher stur und eigensinnig, noch egozentrischer und bösartiger. Das alles ist möglich im Alter. Die »Würde des Alters«, wenn du schon davon sprichst, hat etwas mit den Erkenntnissen zu tun, die man liebevoll verarbeitet und sich durch seine Persönlichkeit erworben hat.

Bist du jetzt die andere Lotti, die anfängt nachzudenken?

Die fängt doch nicht an! Nachdenken ist bei mir eine Dauerbeschäftigung. Ich bin neugierig, wißbegierig, und ich will noch eine Menge dazulernen.

Ich kenne keine Minderheiten
Ich kenne nur Menschen

Über Emanzipation, Homosexualität, Minderheiten, Religion und Seele

Ich bin eine emanzipierte Frau, natürlich, aber ich bin nicht »frauenbewegt«, wie es heute so schön heißt. Vor zwei Jahren wurde ich von einer Frauengruppe eingeladen, die in einer Fabriketage anläßlich des sechzigsten Todestages von Anita Berber eine Veranstaltung organisierte. Sie riefen an und fragten, ob ich nicht kommen wolle. Natürlich wollte ich. Ich sagte zu Thomas Marquard, dem Komponisten meiner Chansons: »Komm, ich pack meinen Fummel ein, du die Kassetten, und wir gehen hin.« Kaum sind wir da, geht die Tür auf, eine Furie kommt raus und schreit: »Was will der Kerl hier?« Ich fragte nur höflich: »Wie bitte?« – »Bei uns gibt es keine Männer«, meinte sie. »Ach«, konterte ich, »es gibt sie wohl. Das ist mein Komponist, und der wird mir heute helfen.« – »Aber das kann doch auch eine von uns machen«, meinte die Türsteherin. »Du, hör mal, Schätzchen, du wirst mir hier keene Vorschriften machen. Wenn er nicht rein kommt, könnt ihr auch auf mich verzichten. Komm, Thomas, wir gehen essen«, sagte ich. »Ach nein, so war das doch nicht gemeint«, kam es kleinlaut zurück. Der Laden war ja schon bumsvoll, und alles wartete auf uns.

Das ist doch wohl unerhört! Diese krampfhafte Trennung, dieses Nicht-mit-Männern-umgehen-wollen liegt doch nur an ihrer Unfähigkeit, Toleranz zu üben. Eine Toleranz, die diese lesbischen Frauen für sich selbst immer wieder einfordern! Außerdem hasse ich dogmatisches Verhalten.

Vor zwei Jahren erschien ein Buch im Verlag Elefanten Press – ich bin übrigens auch drin – mit dem Titel: ›Bad Women‹. Ich dachte, wie kann man so etwas nur »Bad Women« nennen? Selbst mit Anführungszeichen ist das doch unmöglich! Was heißt hier überhaupt »Bad Women«? Parallel war eine Ausstellung »Frauen malen Frauen« geplant, und ich sollte bei der Vernissage auftreten. In meiner Blödheit sagte ich auch noch zu, die Eröffnungsrede zu halten. Die Frauen auf den Bildern sahen aus – unmöglich: hängende Titten, nölige Gesichter, keine Sinnlichkeit, keine Freude an ihrer eigenen Schönheit, an ihren eigenen Körpern. Also so etwas Mieses! Wenn ein Mann das gemalt hätte, hätte man ihm vorgeworfen, und das mit

Recht: Du bist frauenfeindlich und ein Arschloch obendrein! Aber das hatten Frauen gemalt! *Frauen!* Auf einem Bild präsentiert eine Frau ihren Arsch, und man sieht ihre Schamhaare hinten rauskommen wie bei irgendwelchen Pavianen. Alles so unästhetisch und widerlich! In meiner Rede sagte ich: »Beim Betrachten der Bilder hier ist mir fast schlecht geworden. Wie kommen Frauen dazu, so zu malen? Ich habe gedacht: Wunderbar, du kommst in eine Ausstellung, wo Frauen Frauen gemalt haben. Und was ist? Ich habe nicht *ein* Bild gesehen, mit dem eine Frau mir sagt: Das sind wir! Herrliche Titten, ein Arsch, der nur so knackt, ein Bauch, Oberschenkel, Gesicht, Schultern, eine schöne Pose, die sagt: Voilà! Ich bin's. Schaut her, wie schön ich bin! Aber nein, da hängen diese elenden, miserablen Geschöpfe.« Und dann bin ich nach Hause gegangen. »Hier hab ich nichts mehr zu suchen«, habe ich beim Rausgehen gesagt.

Was sind das nur für Frauen! Die so etwas malen, haben null Sexualität, null Vitalität, die haben gar nichts – wie ein Schluck Wasser. Mit so was lasse ich mich doch nicht zusammentun. Das ist doch keine Emanzipation! Emanzipation ist für mich, wenn die Frau sagt: »Wow, der Kerl gefällt mir, mit dem will ich sofort in die Betten.« Und wenn sie ihn loswerden will, dann verabschiedet sie sich: »Wiedersehn, Liebling, aber jetzt habe ich dich satt.« Aber doch nicht diese leidige Tour wie auf den Bildern! Gramgebeugte Frauen, häßlich wie die Nacht, ohne Bezug zum eigenen Körper. Grauenhaft! Viele Emanzen wollen mich immer vor ihren Karren spannen: »Lotti Huber, das ist die emanzipierte Frau, die freie Frau«, sagen sie. Ja, das bin ich, aber ich gehör nicht zu ihnen! Im Gegenteil: Hoch lebe die Liebe! Gut, ich nehme es Frauen nicht übel, wenn sie keine Männer lieben. Okay, sag ich dann, es ist *dein* Leben. Aber mach keine Ideologie daraus!

Aber müssen sich Frauen, wenn sie emanzipiert sein wollen, nicht verhalten wie Männer: Ellenbogen zeigen und hart sein?

Unsinn, warum soll eine Frau wie ein Mann sein? Völlig verkehrt! Sie muß eine Vollfrau sein. Sie muß lieben können, muß berufstätig sein können, sie muß eine Individualistin sein, sich befreien können von den Meinungen anderer. Sie muß eine Frau sein, und wenn sie ihr Dasein unter der Knute des Mannes verbringt, die Beziehung als Last, als Qual empfindet, dann darf sie so nicht weitermachen. Sie muß sich eine Position schaffen. Wenn sie das nicht kann und die Liebe – nein: die Abhängigkeit! – größer ist, dann bezahlt sie einen bitteren Preis.

Sie muß sagen: »Jetzt ist Schluß! Es war hinreißend, aber jetzt ist es vorbei. Jetzt muß ich *ich* sein, und das hundert Prozent.« Mir wird es nicht noch mal passieren, von irgendeinem Lebewesen emotional abhängig zu sein. Aber man muß es einmal durchmachen, es selbst erleben. Denn ohne den Schmerz, ohne dieses Leiden, ohne diese unglaublichen Höhepunkte – emotionell, sexuell, in der Erotik, in der Liebe, im Leiden kannst du dich nicht entwickeln, bist du gar nichts, wenn du alt bist. Ja, sicher, es tut weh, aber du mußt da durch.

»Ihr jungen Frauen, seid keine Schlingpflanzen an euren Männern«, sagst du in deinem Film ›Affengeil‹. Bei dir hört sich das ungeheuer leicht an. Trotzdem: Sich trennen fällt vielen sehr schwer.

Wahnsinnig schwer. Auch mir sind Neuanfänge nicht immer leichtgefallen. Es war ein heartbreak, wie man so sagt, es war schlimm. Aber ich wußte, wenn ich weitermache, dann ist das Leben aus für mich. Dann wird es grau werden. Ich muß mich zwingen, neu anzufangen, um das Leben wieder zu erfassen. Und ich habe es richtig gemacht. Ich habe es nie bereut. Es gab Momente des Zweifels, als ich mich von Alec scheiden ließ: »Habe ich es richtig gemacht? O Gott, vielleicht hätte ich doch bleiben sollen.« Aber nein! Schon kurz danach – ich hätte ja zum Beispiel meinen geliebten Norman nicht kennengelernt – wußte ich: Ich hatte es richtig gemacht. Ich hatte neu angefangen, und ich habe das Leben weitergelebt, wunderbar weitergelebt – schwer, aber toll.

Es ist ja nicht immer Liebe, die die Menschen veranlaßt, zusammenzubleiben. Die Liebe hat eine unattraktive Schwester. Über sie habe ich ein kleines Gedicht geschrieben:

Die strahlende Liebe
hat eine graue, farblose Schwester
Geduldig kauert sie hinter der Liebe
und wartet, daß ihre Zeit kommt
Und die kommt bestimmt
denn dieses trübselige Wesen hat Qualitäten
die ihre schöne Schwester nicht hat
Beharrlichkeit und Ausdauer
Langsam, lautlos macht sie sich breit
und verdrängt die Liebe von ihrem Platz
Ihr Name: Gewohnheit

Viele merken gar nicht, wie sie in einen Trott verfallen und wie die häßliche Gewohnheit zur lieben Gewohnheit wird. Da muß ich dir gleich noch ein Gedicht vorlesen:

Ein alter Mann beklagt sich über den Tod
seiner schon lange nicht mehr geliebten Frau

Aber ... Jetzt ist sie tot, einfach weg
Nun sitz ich da, bin starr vor Schreck
Das hat sie bestimmt aus Gemeinheit gemacht
Hört ihr, wie sie da oben lacht?
Das geht mir mächtig an die Nieren
Wer, wer wird mich jetzt so schikanieren
so, wie sie es nur verstand?
Wie sie mich immer reizte
wenn sie beim Kaffeetrinken den kleinen Finger spreizte!

Und dann hatte sie so eine Art, sich zu räuspern
laut und verächtlich
das ärgerte mich immer mächtig
Und dann schnalzte sie knallend mit der Zunge
Junge, Junge, Junge!
Am liebsten hätt' ich ihr den Hals umgedreht
– aber dazu ist es nun leider zu spät
Ja, und wie sie beim Essen immer schmatzte
und mir den ganzen Appetit verpatzte
Und im Bett
da lag sie nun, dick und fett
Das Nachthemd hättet ihr sehen sollen
gnädig verdeckte es die schlaffen Titten meiner Ollen
Und dann fing sie auch noch zu schnarchen an
o Mannomannomann!
Das war wirklich optimal
aber egal, egal!
Jetzt ist sie tot
ließ mich allein mit meiner Not
Was soll ich nur machen ohne sie?
Das verzeihe ich ihr nie, nie, nie!!!

Daß Frauen nicht sagen können: Schluß, aus! Ich suche mir jetzt einen Job und hau ab, denn ich kann diese Ehe nicht mehr ertragen. Nein, da ist das Bankkonto, die Putze, die Wohnung – alles wunderschön bequem. Die Gewohnheit, der Trott führen dazu, eine Bindung nicht zu beenden. Aber ein jeder müßte doch sagen: »Ich habe nur dieses eine Leben.« Über diesen Schatten Gewohnheit – und es ist ein ungeheuer großer, dunkler Schatten – muß man springen.

Du hast keine Kinder. Muß man, um sich als Frau emanzipieren zu können, auf Kinder verzichten?

Ich habe Kinder nie vermißt. Ich glaube, so extrem, wie du es formuliert hast, ist es nicht. Eigene Kinder *können* eine Last sein. Sieh mal, wenn ich Kinder gehabt hätte, würden sie sich wahrscheinlich meinetwegen schämen: »So eine unmögliche, überdrehte Person! Kann die nicht so sein wie die anderen alten Frauen – sich ins Café setzen und Kuchen mit Schlagsahne essen?«

So sind doch Kinder! Nicht nur ältere, auch die jüngere Generation kann intolerant sein. Wenn die vierzigjährige Mutter einen Geliebten hat, dann ist die achtzehnjährige Tochter doch meist empört. Wenn ich Kinder hätte, hätten die wahrscheinlich selbst auch wieder Kinder. Und dann hieße es: »Willst du nicht babysitten, wir wollen für zwei Wochen nach Mallorca?« Ich seh doch diese Großmütter immer mit ihren Enkeln herumlatschen – das ist kein Job für mich, Liebling. Nein, nein, es gibt Muttertiere und keine Muttertiere – ich bin nie eins gewesen!

Was hältst du von der Ehe?

Ach, die Ehe ... Eine liebe Freundin von mir seufzte mal: »Man kann nicht mit ihr leben, und man kann nicht ohne sie leben.« Aber was heißt das? Der Charakter der Ehe hat sich in unserer Zeit sehr verändert. Die Frau ist wirtschaftlich und beruflich unabhängiger als früher, zumindest in Europa und den USA. Aber obwohl die Frau sich in dieser Hinsicht emanzipieren konnte, schielt sie noch immer sehnsüchtig nach einem Lebensbund, nach einer psychischen und physischen Verbindung mit einem Mann und sucht ihren Traumprinzen.

Die ewige Treue, die Monogamie, die ja jahrhundertelang von der Frau verlangt wurde, während der Mann sich immer ein Hintertürchen aus diesem Käfig offenließ, hat sich doch heute als Illusion entlarvt. Es ist ein Fortschritt, daß die Frau endlich die Möglichkeit hat, sich von diesem entsetzlichen »Bis daß der Tod euch scheidet« abzuseilen. Ja, die Ehe ist ein wackeliges und brüchiges Haus geworden, das dringend auf Reparatur und Umbau wartet – sanft ausgedrückt. Im Grunde gleicht sie eher einem baufälligen, wenn nicht abbruchreifen Kasten. Es ist bemerkenswert, daß der Staat diese neue Situation fast ignoriert und so tut, als sei die Ehe ein komfortabler Neubau.

Früher war die Frau ja mehr oder weniger dem Mann ausgeliefert, wurde schon von ihrer Familie darauf vorbereitet, später einmal perfekt den Haushalt ihres Zukünftigen zu versorgen – da war das Drama doch schon vorprogrammiert. Die Unterordnung der Frau war unter solchen Bedingungen absolut notwendig. »Wozu brauchst du noch ein Kleid? Komm erst mal mit deinem Haushaltsgeld aus!« so muß sie sich doch heute noch oft von ihrem »geliebten« Mann schikanieren lassen! Und dann die ehelichen Pflichten, denen sich die Frau doch nur entziehen kann, wenn sie Krankheit vorschützt: Kopfschmerzen, Migräne und so weiter. Und dann entwickelt sich das Drama, die Tragödie der Lügen.

Frauen heiraten noch immer, weil sie sich sagen: »Wenn ich ihn heirate, bin ich versorgt.« – ein trauriges Statement! Für manche hat es sich allerdings zu einem richtiggehenden Geschäft entwickelt: Denken wir an die Eheverträge von Jackie Onassis, von Ivana Trump, von Prinzessin Diana. Eine Kindergärtnerin in Jeans konnte sich so zu einer Superluxusfrau entwickeln. Ein blendendes Geschäft, das ist doch nicht von der Hand zu weisen! Oder nimm die Mätressen im Absolutismus, eine Madame Pompadour und ihren Ludwig: Sie erliebte sich, vornehm ausgedrückt, ein Vermögen – Schlösser, Juwelen und Macht.

Bei Lieschen Müller sieht so etwas natürlich ganz anders aus (lacht). Jedenfalls wünsche ich den Frauen, sich mit Klugheit und guten Erkenntnissen auszustatten.

Und was wünschst du den Männern?

Na, die haben es doch schon längst geschafft! Könige und Fürsten haben sich durch die Jahrhunderte mittels Heiratspolitik Ländereien und sogar ganze Länder unter den Nagel gerissen, heute werden Firmen durch Mitgiften aufgebaut.

Die Ehe ist in meinen Augen ein großes Problem. Trotz all dieser Erkenntnisse, die beileibe nicht nur auf meinem Mist gewachsen sind, hauen immer wieder zwei große Imponderabilien – so drückte sich meine Geschichtslehrerin aus – dazwischen und werfen alle Erkenntnisse über den Haufen: die Liebe und der Sex. Du siehst, ich komme immer wieder auf das gleiche Thema zurück (lacht).

Du hast über Rosa von Praunheim die Schwulenszene kennengelernt ...

Ich hatte früher sehr wenig mit Homosexuellen zu tun, weil ich mit meinen überaus bezaubernden Männern vollauf beschäftigt war. Die homosexuelle Szene interessierte mich in der Mitte meines Lebens überhaupt nicht, aber jetzt fasziniert und begeistert sie mich. Warum? Nie habe ich soviel Verständnis für mich gespürt, künstlerisch und intellektuell. Lernt man einen heterosexuellen Mann kennen, kommt meist sofort das Sexuelle ins Spiel. Bei Schwulen nicht.

Aber »die Schwulen« gibt es ja nicht. Du triffst genauso viele unterschiedliche Typen wie bei den Heterosexuellen: Einige verachten Frauen – die ähneln von ihrem Gemütszustand her den männerhassenden Kampflesben. Eigentlich könnten beide sich zusammentun (lacht). Aber die meisten Schwulen, die ich kenne, finden Frauen hinreißend, bewundern sie, ohne daß sie sexuell von ihnen angezogen wären. Rosa zum Beispiel liebt Frauen. Mit denen kann er viel besser als mit Schwulen, die ihn attackieren, ihn angreifen, ihn zur Minna machen – genau wie umgekehrt. Aber Frauen beten ihn an.

Die Kreativität vieler Schwuler begeistert mich unglaublich: Die besten Modedesigner, die Frauenkleider entwerfen, sind schwul; ebenso die Modefotografen mit ihren weiblichen Models. Sie haben fast ständig mit Frauen zu tun, und Frauen sind ungeheuer wichtig für sie. Na, ist doch wunderbar! Es muß doch nicht immer gebumst werden. Wenn ich einen Mann hinreißend finde, dann macht die Tatsache, daß er schwul ist, ihn doch nicht weniger hinreißend. Und es interessiert mich überhaupt nicht, mit wem er ins Bett geht.

Du gehörst als Jüdin selbst einer Minderheit an und wirst von einer anderen Minderheit, nämlich den Schwulen, verehrt. Haben Minderheiten für dich eine besondere Bedeutung?

»Minderheiten« – wie ich das Wort hasse, ein häßliches, arrogantes, abfälliges Wort. Minderwertig, minderbegabt, minderbemittelt, minderberechtigt und und und ...

Nein, ich kenne keine Minderheiten, ich kenne nur Menschen! Der eine ist so, der andere so, wieder ein anderer hat diese Veranlagung, ein vierter jene. Ich grenze niemanden aus aufgrund seiner Gruppenzugehörigkeit. Für mich gibt es nur Freund oder Nichtfreund. Und jeder ist mein Freund, der dieselbe Sprache spricht wie ich. Und damit meine ich nicht Deutsch oder Englisch, sondern die Mentalität, die Art und Weise, die Dinge zu sehen.

Hast du dein »Anderssein« als Kind empfunden?

Zunächst einmal hatte ich gar nicht das Gefühl, anders zu sein. Wir gehörten zwar der jüdischen Religion an, waren aber zuerst Deutsche und dann Juden. Das Anderssein wurde von außen an mich herangetragen. Das passierte mir immer wieder, auch später im Ausland. Ich wurde gezwungen, anders zu sein, und das war für mich sehr nervend.

Bist du dagegen angegangen?

Natürlich, ich habe mich gezankt und geprügelt, und meine Mutter fand das ganz in Ordnung: »Laß dir das nicht gefallen. Du bist eine Deutsche wie alle anderen«, spornte sie mich an. Dadurch, daß ich ohne Komplexe aufwuchs, verspürte ich nicht die Neigung, in die Isolation zu gehen, wie das leider bei vielen sogenannten Minderheiten der Fall ist.

Du hast viele Jahre im Ausland gelebt. Braucht man nicht immer ein Land, wo man zu Hause ist?

Viele Menschen brauchen das. Ich nicht! Ich habe mich völlig befreit davon. Für mich war nur wichtig, was *ich* dachte. Damit kam ich immer wunderbar durch. Mit meinen beiden englischen Ehemännern lebte ich in einer sehr britischen Umgebung, aber ich habe nie versucht, mich anzugleichen oder anzubiedern. Ich war nicht Lotti, die Engländerin, ich war nicht Lotti, die Deutsche, ich war auch nicht Lotti, die Jüdin – ich war just Lotti.

Dieses ganze nationale Brimborium finde ich gräßlich! Dieser neue Nationalismus, dieser Chauvinismus gründet sich doch auf die Dummheit der Menschen: dieser absurde Glaube, man sei etwas Besseres, bloß weil man zufällig Deutscher ist. Versteh mich nicht falsch, ich bewundere deutsche Kultur, Goethe und Schiller, Beethoven und Bach – grandios! Die deutsche Mentalität spiegelt sich in diesen genialen Menschen. Aber dieses Deutschtümelnde ist anachronistisch, wo wir doch mittlerweile mit dem Flugzeug in wenigen Stunden in völlig anderen Kulturen sein können, in denen wir selbst Fremde sind. Viele Menschen kapieren das nicht. Dieses Rassenbewußtsein, dieses Bewerten von Hautfarben – schwarz, braun, rot, gelb oder was-weiß-ich – ist doch grotesk. Da legen sich zum Beispiel die Leute in die Sonne und sagen: »Guck mal, wie wunderbar braun ich geworden bin.« Gleichzeitig gucken sie scheelen Blickes auf einen sogenannten Farbigen und verachten ihn wegen seiner Haut. Das ist schlimm. Ein Mensch ist für mich ein Mensch, egal, welche Farbe er hat, er ist ein Geschöpf Gottes. Ich meine das nicht religiös. Er ist ein Geschöpf des großen Wunders Natur.

Natürlich bestehen große Unterschiede zwischen den verschiedenen Nationalitäten. Die Türken zum Beispiel haben eine ganz andere Einstellung zu Frauen als die Mitteleuropäer, und diese Einstellung ist nicht immer sehr amüsant – für mich jedenfalls nicht. Aber man sollte jedem Menschen, egal, wo er herkommt, mit offenen Armen entgegengehen. Ob man sie später verschränken und sich verschließen muß, hängt davon ab, wie sich dieser Mensch verhält, als was er sich entpuppt. Zu sagen: Diesen Menschen kann ich nicht leiden, weil er faschistische Thesen vertritt oder weil er ein Schwein ist – okay. Aber jemanden abzulehnen, weil er kein Deutscher oder weil er ein Homosexueller ist, ist einfach dumm. Den Menschen als einzelnen sehen und bewerten, also wegkommen von diesen pauschalen Gruppenvorurteilen, das ist meine Idee.

Auch ich hatte Vorurteile, als ich nach Deutschland zurückkam. Bei jedem Menschen in meinem Alter, den ich auf der Straße sah, dachte ich: »Was hast *du* in der Nazizeit gemacht? Hast du geschwiegen, denunziert, vielleicht gemordet?« Es war schwer, dieses kollektive Denken zu überwinden, aber ich habe es geschafft, indem ich mich mit jungen Menschen auseinandersetzte. Die Alten, die immer wieder sagten: »Ich habe von nichts gewußt«, verbitterten mich, machten mich wütend.

Aber auch unter Jugendlichen triffst du Nazis. Kürzlich sind sie durch Dresden marschiert. Was empfindest du dabei?

Angst und Traurigkeit. Aber es wird mich nicht davon abhalten, auf Menschen zuzugehen. Radikalismus ist keine deutsche Krankheit, sondern überall anzutreffen. Heute morgen in der Wäscherei kamen zwei junge Araber auf mich zu und schrien haßerfüllt: »Scheißjude!« Das kann mich zwar nicht beleidigen, aber es macht angst vor Gewalt. Was hätte ich tun sollen? Sie aufklären? Diesen beiden jungen Menschen, die da auf mich einbrüllten, konnte ich nichts erzählen. Sie waren vollkommen versteinert in ihrem Haß und ihren Ansichten. Nimmt man ihnen diese Krücken, sind sie hilflos und haben nichts mehr, an das sie sich klammern können. Deshalb lassen sie sie nicht los. Solchen Leuten muß man aus dem Wege gehen, damit man nicht zerstört wird – oder sich wehren, so gut es geht. Dieser Ausbruch von Haß gegen sogenannte Minderheiten, den wir heute wieder erleben, stimmt mich nicht sehr optimistisch. Ich habe große Angst, daß wir, wenn es so weitergeht, eine tragische Entwicklung erleben werden – verursacht durch die Dummheit der Menschen und der Politiker.

Weißt du, ich war neulich in Kreuzberg auf einer Party bei Leuten, »aufgeklärte Unterwelt« nenn ich die immer, und meinte in einem Gespräch ganz harmlos: »Es ist doch durchaus möglich, daß wir in zehn Jahren einen Bürgermeister türkischer Herkunft haben werden.« Ja, warum denn nicht? Aber diese Leute, die sich doch so fortschrittlich geben, waren empört, völlig außer sich vor Zorn. Ich hab nur gelacht. Unglaublich, aber Menschen scheinen jemanden zu brauchen, auf dem sie herumhacken und auf den sie glauben herabblicken zu können. Das ist der Minderwertigkeitskomplex des kleinen Mannes. Leider wird es wohl immer Menschen geben, die sich an Ideologien hochziehen, weil diese Ideologien sie größer machen, als sie eigentlich sind.

Welchen Einfluß hat deine jüdische Herkunft auf dich?

Ich sage nicht, ich bin stolz darauf, Jüdin zu sein. Das wäre dumm. Ich mache daraus weder einen Beruf noch eine Berufung. Man ist, was man ist. Aber die Tatsache, daß ich Jüdin bin, hat mein Leben und mich geprägt – und ich mag das Resultat, ich mag mich. Das ist doch ganz positiv, oder (lacht)? Festgefügte Strukturen sind nichts für mich. Sie sind mir zu eng und zu beschränkt, verstehst du? Ich bin Freidenker, ich bin Kosmopolit. Deutsche oder andere Fahnen zu schwingen finde ich zum Kotzen. Ich bin in dieser Beziehung ein unglaublicher Einzelgänger. Ich hefte mir keine Bekennerplaketten an, und ich schwinge keine Fahnen.

Höchstens deine eigene ...

Die schwinge ich pausenlos und unentwegt. *Das* war vielleicht eine boshafte Bemerkung von dir, Schätzchen! Wollen wir noch weitermachen?

Bleiben wir bei »Religion«. Sie gilt als Verhaltensweise von Menschen, die Lebensprinzipien für heilig erklärt.

Das ist eine merkwürdige Formulierung. Religion ist wie Philosophie. Auseinandersetzung mit menschlichem Verhalten, mit dem Leben in jeglicher Form. Aber warum »heilig«? Eine Philosophie ist doch nicht heilig. Philosophie ist eine Denkungsart, mehr nicht.

Aber wir sprechen doch jetzt über Religion ...

Vieles ist für mich Märchenerzählung. Zwar nicht Grimmsche Märchen, aber grimme Märchen. Verlogen ist doch schon, wenn Menschen in der Kirche singen: »Freue dich, Christus kommt bald!« Das ist nicht Freude, die sich da ekstatisch äußert, sondern eine Anweisung, sich zu freuen. Freue Dich! Ob sie sich wirklich freuen, ist eine andere Sache (lacht).

Ich lehne jede religiöse Institution als Wegweiser für mich ab, bin aber trotzdem religiös, weil ich an die große Dynamik und Kreativität der Naturkräfte glaube – in welcher Form auch immer.

Und wo bleibt die Seele?

Was ist überhaupt »Seele«? Ein Silberfisch! Immer wenn meine Mutter einen Fisch ausnahm, war da etwas Silbriges, wahrscheinlich die Schwimmblase. Mein Vater behauptete, das sei die Seele des Fisches. Das fand ich sehr, sehr beeindruckend. Also, mein Silberfisch in mir (lacht) ... Ich weiß gar nicht, ob es so etwas gibt wie die Seele. Es ist schön, die Vorstellung zu haben, daß eine große Kraft weiterlebt, wenn der Körper sich auflöst – eine Kraft, die von einem selbst ausgeht. Ich glaube an ein Leben nach dem Tod, aber nicht dergestalt, daß ich aufstehe und als Dackel zu dir angewackelt komme oder als King Lear durch die Gegend witsche. Nein, es bildet sich wieder Leben, wenn ich mich auflöse. Aus meinen Augen wachsen Butter-

und Gänseblümchen; mein Körper, der sich auflöst, wird zu Dünger, der Kraft gibt – das ist Wiedergeburt. Es wird immer wieder geboren, »und neues Leben blüht aus den Ruinen«, sagt Schiller. Neues Leben blüht aus den Toten, davon bin ich überzeugt.

Glaubst du an Seelenverwandtschaft?

Ja, aber nicht zwischen uns, Schätzchen! Jetzt bist du aber stumm (lacht). Doch: Es gibt eine Seelenverwandtschaft nicht nur mit anderen Menschen, sondern auch mit Tieren, sogar mit Pflanzen. Ich unterhalte mich dauernd mit meinen Pflanzen. Ich bin überzeugt davon, daß sie reagieren, wenn man mit ihnen spricht. Sie reagieren auf eine ungute Atmosphäre, auf Krach in ihrer Umgebung und alles mögliche. Pflanzen in Diskotheken leiden, man hört nur ihre stummen Schreie nicht. Ihr Empfinden ist so fein, so filigran und kompliziert, daß Menschen es überhaupt nicht wahrnehmen.

Aristoteles bezeichnet die Seele als selbständige Substanz ...

Es ist keine Substanz! Man sagt doch auch, die Seele schwebt, ist wie ein Schleier, ein Hauch. Die Seele ist wie Luft: Du kannst sie streicheln und fühlen, sie ist da, aber im Grunde genommen weißt du nichts von ihr, weil du sie nicht fassen kannst. Sie ist so hauchzart, so unsichtbar, so ungreifbar. Die Seele ist etwas Unphysisches, und deswegen kann sie auch nichts mit Substanz zu tun haben.

Glaubst du an Gott?

Ich will aus Goethes ›Egmont‹ zitieren:

> Kind! Kind! Nicht weiter! Wie von unsichtbaren
> Geistern gepeitscht, gehen die Sonnenpferde der
> Zeit mit unsers Schicksals leichtem Wagen durch;

und uns bleibt nichts, als mutig gefaßt die Zügel
festzuhalten, und bald rechts, bald links,
vom Steine hier, vom Sturze da, die Räder
wegzulenken. Wohin es geht, wer weiß es?
Erinnert er sich doch kaum, woher er kam.

Das ist doch das Leben! Ich glaube an die große, mächtige Schöpfung. Woher komme ich? Wer bin ich? Warum bin ich? Ist das so leicht zu beantworten? Nach der Antwort frag doch den lieben Gott selbst (lacht)!

Jede Religion beansprucht das »richtige« Wissen für sich. Aber sie alle sind von Männern gemacht: die Bibel, der Koran. Immer ist die Frau zweitklassig, taucht nur in ihrer Beziehung zum Manne auf und spielt eine Nebenrolle in bezug auf Gott. Sie erscheint schwach, dumm und schlecht: Das einzige, was sie hinkriegt, ist, in den Apfel zu beißen und Adam zu verführen. Aber schon die Entstehung der Frau aus der Rippe des Mannes reicht mir! Das hat mich schon als kleines Mädchen empört. Logischer wäre, daß die Frau Adam erschaffen hätte. Hör mal zu, das ist meine Version von »Adam und Eva«:

Adam langweilte sich im Paradies
mehr noch, ihm war so richtig mies
Daher schnitt er sich zum Zeitvertreib
eine Rippe aus dem Leib
Da wuchs der Rippe
eine süße kleine Titte
und dann noch eine
und dann schöne lange Beine
und dann ein runder, knackiger Po
Da staunte Adam aber: Oh!
Ich heiße Eva, sagte die Rippe kokett
Adam, ich finde dich richtig nett
Dann griff sie ihm an die Hose
Autsch! Da hatte er seine erste Neurose
Dann entwickelte sich der liebe Doofie

zu einem unangenehmen Chauvi
Für dich: kochen, putzen, Windeln waschen
alles andere bleibt mir überlassen
Ich bin der Herr der Schöpfung – ich, der Mann!
so schrie er seine Eva an
Da bekam Eva aber einen Schreck
Romantik, Liebe waren plötzlich weg
Oh, seufzte sie, o Jammer, o Jammer
das ist wirklich ein dicker Hammer
Zum Teufel mit Po und Titte
wär ich doch wieder eine Rippe!

»Sag mir doch ... Wie hast du's mit der Religion?« fragt schon Gretchen im ›Faust‹ und kriegt keine gescheite Antwort. Wann rufen Menschen heute ihren Gott an und warum? Weil sie etwas von ihm haben wollen! Diese große Bestechungsarie: Gott, wenn du dies oder das machst, bau ich dir einen Tempel oder – noch besser – opfere dir meinen Sohn, wie Abraham es tun wollte.

Wird sich ein Gott kaufen lassen? Die große, allmächtige Schöpfung braucht etwas vom Menschlein? Wir stellen Bedingungen und machen Angebote? Ach, was sind wir nur für eine Schar von elenden Händlern. Du gibst mir – ich geb dir.

Wie gesagt: Alle Religionen sind von Männern erdacht worden, und die Frau wird zuwenig geliebt – um es noch stärker zu sagen: Sie wird mißachtet. Und das gefällt mir nicht (lacht)! Wenn sie in Erscheinung tritt, dann in Gestalt der Jungfrau Maria, die lediglich als Gefäß göttlichen Willens benutzt wird, um den Erlöser zu gebären. Herzlichen Dank! Und die Männer, die die Geschichte von der jungfräulichen Geburt erfunden haben, verachten offensichtlich ihren eigenen Samen, ihre eigene Geschlechtskraft. Maria muß Jungfrau sein, weil der sexuelle Akt als schmutzig angesehen wird – damit verachten Männer doch ihre eigene Sexualität!

Also: Wie steht es mit meiner Religion? Ich bin ratlos. Und wie könnte es anders sein, wenn man dem Leben das Geheimnis seiner eigenen Existenz nicht entreißen kann? Welch mächtiger Wille schafft Leben – Tod? Kraft – Schwäche? Gutes – Böses? Wir wissen keine Antwort, spüren aber diesen Willen, dem wir uns beugen müssen – ob wir wollen oder nicht. Vergebens lehnt sich schon Goethes Prometheus gegen den Schöpfer auf und schreit in verzweifeltem Trotz:

Hier sitz ich, forme Menschen
nach meinem Bilde
ein Geschlecht, das mir gleich sei
Zu leiden, zu weinen
zu genießen und zu freuen sich
und dein nicht zu achten
Wie ich!

Denkste! Wir sind arme, hilflose und unwissende Geschöpfe.

What are we but miserable worms
who never come to terms with each other
Yet everyone of us has a mother
who mourns and cries when her son dies
and blood is dripping of his hands
while torture and murder never ends
Only death has a wonderful time
He drinks all that blood like wine!
Wine!

Ist das von Shakespeare?

Schätzchen, ich bitte dich, das ist von Lotti Huber!

Liebe ist wie eine
unvollendete Symphonie

Über Liebe

Viele Menschen haben merkwürdige Ansichten über die Liebe. Sie sind ständig auf der Suche nach ihrer Traumfrau und nach ihrem Traummann. Es gibt keine Traumfrauen, und es gibt keine Traummänner. Es gibt nur Männer und Frauen. Alle haben ihre ganz bestimmten Eigenschaften. Die Katastrophe in einer Beziehung ist, sich Träume ins Bett zu legen und nicht einen Menschen aus Fleisch und Blut.

Was versteht man unter »vollkommener Liebe«? Die Carmen singt: »Ja, die Liebe hat bunte Flügel.« Erfüllte Liebe – gibt es sie überhaupt? Sie ist ein Phantom. Kaum ist sie da, entfleucht sie schon. Denk an die großen Liebesgeschichten in der Literatur: Sie wurden nie bis zum Ende ausgelebt, sondern endeten immer in einer Tragödie, in Unerfülltheit, im Tod – siehe Romeo und Julia oder Tristan und Isolde. Was wäre geschehen, wenn sie weitergelebt hätten? Nach ein paar Jahren hätten sie sich höchstwahrscheinlich angegiftet, und ihre Liebe wäre gestorben. Die ganz großen Liebesgeschichten blieben immer unvollendet. Also, was ist erfüllte Liebe? Wenn ich als junger Mensch Hillert, meinen ersten Geliebten, geheiratet hätte, was wäre mit uns nach zwanzig Jahren geschehen? Wir hätten uns wahrscheinlich in verschiedene Richtungen entwickelt. So aber ist er in meinem Herzen die große Liebe meines Lebens geblieben. Die vollendete Liebe gibt es nicht. Es gibt nur die unvollendete Liebe. Die vollendete Liebe läuft aus wie ein Fluß, der vertrocknet. Das ist leider eine sehr bittere Wahrheit, die keiner akzeptieren will.

Du hast einmal gesagt: Mann und Frau und Liebe, das ist die Essenz des Lebens.

Ja, dazu stehe ich noch heute. Das ist sie ganz gewiß! Man muß aber unterscheiden zwischen körperlicher und seelischer Liebe. Ich glaube, daß eine seelische Liebe allein nicht die perfekte Erfüllung bringt. Die körperliche Liebe gehört einfach dazu. Und umgekehrt: Wenn es nur bei einer körperlichen Befriedigung bleibt, spricht man zu Unrecht von Liebe. Das eine ist nichts ohne das andere. Wenn das körperliche und das seelische Element zusammentreffen, so ist das ein großer Glücksfall, eine Beglückung. Natürlich ist es möglich, daß eine Beziehung, eine Liebe Bestand hat, wenn die sinnliche Liebe, das Begehren, versiegt. Aber die körperliche Liebe in Reinkultur hat keinen Bestand. Denn sie läßt uns eines Tages im Stich, und dann bleibt nichts übrig, alles ist vorbei. Erst die seelische Liebe ermöglicht es, daß Menschen weiter zusammenleben können. Tritt aber die große Leidenschaft für einen anderen, neuen Partner dazwischen, dann wird die seelische Liebe das nicht aushalten können. Sie muß der Leidenschaft weichen. Alles andere ist unrealistisch.

Wie denkst du über »Liebe auf den ersten Blick«?

Ja, ein coup de foudre, ein Blitzschlag, wie die Franzosen das so schön nennen. Es ist nicht nur der optische Eindruck, es ist irgend etwas in den Körpern, das sich gegenseitig anzieht, das glaube ich.

Also nicht »auf den ersten Blick«?

Das sagt man so, wenn man sich anguckt, aber man fühlt sich angezogen von etwas, das man erst einmal nicht begreift. Nämlich von irgendeiner chemischen Zusammensetzung, die harmoniert, ungeheuer harmoniert mit der eigenen. Das nennt man »Liebe«. Es ist gar nicht notwendig, daß man den Menschen bildschön oder hinreißend findet. Mich haben schon viele Männer fasziniert, die im landläufigen Sinne nicht schön waren. Da regieren Gesetze, die von der Natur geschaffen wurden und denen man ausgeliefert ist bis zum Wahnsinn. Das ist wunderbar, aber auch eine große Tragödie. Das kann einen Menschen völlig um den Verstand bringen, um Haus und Hof und seine Sicherheit. König Edward von England hat sein Königreich aufgegeben für Mrs. Simpson. Dem ist das passiert. Tja... (lacht)

Welche Eigenschaften gehören für dich zur Liebe?

Ich brauche Menschen, die unglaublich flexibel sind. Und künstlerisch. Ich liebe einen Mann, wenn er Ästhetik besitzt – Ästhetik ist für mich etwas enorm Wichtiges. Ich mag keine Machos. Es gibt Frauen, die das abgöttisch lieben. Ich aber liebe Männer, die sich an der Grenze zur Homosexualität bewegen. Immer wieder habe ich mir Männer ausgesucht und bin von Männern angezogen worden, die, wären sie einen Schritt weitergegangen, homosexuell geworden wären. Sensible und empfindsame Männer liebe ich. Und ich habe mein Leben immer mit Menschen verbracht, die sehr künstlerisch waren. Selbst meine beiden englischen Ehemänner – keine Künstler im strengen Sinne – waren sehr verspielt und phantasievoll, eben künstlerisch. Was ich überhaupt nicht mag, sind nüchterne Menschen.

Und welche Eigenschaften bringst du mit?

Oohh, also ich (lacht) ... Ich bringe Phantasie, Verspieltheit, Chaos, Loyalität, Sentimentalität, Sinnlichkeit und viel, viel Erotik mit. Das ist doch genug, oder?

Das reicht völlig! Du benutzt sehr oft das Wort »Liebe« in deinem alltäglichen Sprachgebrauch. Welche Bedeutung hat es, wenn du sagst, ich liebe dich?

»Ich liebe dich« heißt: Ich bin dir nah, ich fühl mich wohl mit dir, ich bin glücklich mit dir. Mit »Liebe« im eigentlichen Sinn hat das nichts zu tun. Das ist eine überschwengliche Ausdrucksweise, zu der ich sehr neige.

Viele Leute, die dich in einer Show gesehen haben, meinen: »Ja, Herrgott, wenn die das so oft gebraucht, dann kann es doch nicht wahr sein.«

Doch! Doch! Liebe ist etwas Schönes. Und wenn ich sage: »Das liebe ich«, meine ich das auch so. Es hat für mich eine große Bedeutung, eine schöne Bedeutung. Und was soll das überhaupt, dieses Wort »Liebe« auf ein Piedestal zu stellen – das ist doch vollkommener Blödsinn. Es gehört zu meinem Vokabular! Für mich ist das kein abgegriffenes Wort, für mich ist das ein Wort, das ich immer wieder benutzen kann, das ich liebe. Da ist es schon wieder: »Liebe« liebe ich. Das ist ein herrliches Wort! Man sagt ja auch: »Mein lieber Herr Meier, meine liebe Frau Soundso«. Warum? Man weiß doch gar nicht, ob sie so lieb sind. Vielleicht sind sie ekelhaft?

Wie ist es mit dem Wort »Liebling«?

»Liebling«, »Darling«, »Schätzchen«, das sind meine Wörter, mit denen ich Leute immer sehr beglücke – oder auch nicht. Aber das ist nur eine verspielte Form, meine Art, Menschen anzusprechen. Manchmal will ich sie damit auch ärgern. Wenn einer ganz besonders klugscheißerisch ist, ein Talkmaster zum Beispiel, dann sage ich: »Aber, Schätzchen!« Das ist dann schulterklopfend und herablassend gemeint, und das mögen sie gar nicht gerne. Aber ich kann mit »Schätzchen« auch etwas sehr Liebes meinen.

Welche Rolle spielt für dich die Liebe, die dir dein Publikum entgegenbringt?

Das ist für mich ein unglaublicher Ansporn, eine Anregung, zu arbeiten, Neues zu finden. Die Liebe des Publikums macht mich wahnsinnig kreativ. Sie ist für mich wie Haschisch, wie kiffen (lacht)! Ich brauche und ich liebe sie. Sie regt mich an, und sie regt mich auf. Sie macht mich glücklich, sie gibt mir

Ideen – herrlich! Heute hab ich zum Beispiel einen Telefonanruf bekommen. Eine Frau schwärmte mir vor, wie sehr sie mein Buch liebt und wie wunderbar es ist, daß ich mich mit ihr unterhalte. Und ich antwortete, wie wunderbar es ist, daß sie mich angerufen hat. Mein Publikum gibt mir einen ungeheuren Kick, wenn es mir sagt: »Mach so weiter wie bisher.« Ich bekomme viele Briefe, und mir ist immer bewußt, daß sich da einer hingesetzt, Papier und Kugelschreiber genommen und die Mühe gemacht hat, aus seinem Herzen heraus zu schreiben. Das ist etwas, was man nie geringschätzen darf.

Ich bekomme nicht nur Briefe, sondern auch Pakete. Manchmal ist es schon unglaublich, was die Leute hineinpacken, aber ich finde das goldig. Da dichtet jemand was, komponiert oder zeichnet was und packt es ein – das ist einfach hinreißend. Meine Fans nehmen sich mehr Zeit für mich als meine nächsten Verwandten. Die würden gar nicht drauf kommen, mir etwas zu schicken. Für die bin ich wahrscheinlich eine Art Ufo.

Was meinst du, wenn du beispielsweise über Rosa von Praunheim sagst, wir streiten uns sehr oft, aber ich liebe ihn?

Wir streiten uns sehr oft, weil wir oft verschiedener Ansicht sind, aber ich liebe ihn, weil ich seine Seele kenne, weil ich seine Sensibilität schätze, weil ich seine Begabung bewundere und weil ich seine Verspieltheit, seine Zärtlichkeit mag. Ich liebe ihn einfach als Persönlichkeit. Ich will nur nicht sein Geschöpf sein. Ich will nur nicht, daß er glaubt, ich dürfe ohne ihn keinen Schritt machen. Das stört mich, aber sonst liebe ich ihn sehr.

Gab es Unterschiede in der Liebe zu deinen Männern?

Ja, da waren große Unterschiede. Mein zweiter Mann hat mich verzaubert. Der erste hat mich amüsiert. Punkt! Ich glaube nicht, daß es große Liebe war bei Alec. Es war eine unerhörte Zuneigung – das ist ein großer Unterschied. Aber Norman habe ich sehr geliebt. Alec habe ich dann auch verlassen, während

Norman mich verlassen hat. Durch seinen Tod. Er ist damals von mir gegangen, und vielleicht war es der richtige Zeitpunkt. Merkwürdig, aber manchmal denke ich das.

Nach seinem Tod mußtest du dich neu orientieren.

Ja. Wäre er nicht gestorben, hätte ich das wohl nie gemacht. Nie! Wir hätten wahrscheinlich anstandshalber unsere Liebe mit viel Sympathie weitergeschleppt bis zum bitteren Ende. Ich glaube, es wäre nicht gut gewesen. Wirklich, so entsetzlich der Schmerz war, als er starb, ich glaube, es war gut. Es ist eine komische Sache mit der Liebe. Wenn Norman mich verlassen hätte einer anderen Frau wegen oder weil er gesagt hätte, ich möchte nicht mehr mit dir leben, hätte mich das viel mehr getroffen als sein Tod. Denn der war endgültig, da konnte man nichts mehr machen. Aber zu wissen, er ist aus eigener Entscheidung gegangen, das hätte mich viel tiefer getroffen. Das ist sehr egoistisch, aber es ist so.

Ist Liebe egoistisch?

Ja, ja, aber was bezeichnet man alles als »Liebe«? Man nennt eine sinnliche oder eine physische Abhängigkeit »Liebe«, aber das ist noch lange keine. Man gönnt dem anderen keine Affäre – ist das Liebe? Man nimmt den anderen völlig in Besitz – ist das Liebe? Man erdrückt seine Persönlichkeit und läßt ihn sich nicht entwickeln – ist das Liebe? Ich glaube nicht.

Liebe könnte ja so weit gehen, daß man dem anderen eine neue Beziehung gönnt ...

Das ist verlogen, stimmt nicht, geht doch gar nicht! Norman hofierte einmal eine entzückende und bildschöne Frau. Sie war eine gute Freundin von mir, und ich merkte, daß er von ihr unglaublich angezogen war. Sie auch von ihm, und sie waren kurz davor, miteinander in die Betten zu gehen. Es ist ja auch egal, ob man diesen Schritt tut oder nicht, die Beziehung war da. Sie fragte mich: »Bist du nicht eifersüchtig?«, und ich antwortete, sehr souverän und großzügig: »Warum soll er dich nicht bezaubernd finden, ich finde dich doch auch bezaubernd.« Das war zwar sehr elegant, aber die Wahrheit war es nicht.

Sieh mal, wenn du dich fragst: »Warum bleibe ich bei diesem Mann oder dieser Frau, wenn die Liebe oder die Leidenschaft dieses Mannes oder dieser Frau bei jemand anderem ist? Was bleibt dann noch für *mich* übrig? Die Wohnung in Ordnung halten, die Hemden bügeln oder bügeln lassen, zusammen auf Parties gehen, sich intelligent unterhalten – was bleibt?« Eine Beziehung läßt sich nicht darauf reduzieren. Das ist die Realität, und wenn ein Mann seine Frau dann nicht verläßt, so aus wirtschaftlichen Gründen, weil alles für ihn geregelt ist und weil er den Kick und das Abenteuer noch einmal braucht. Aber weder das eine noch das andere ist Liebe.

Wenn dein Partner kommt und sagt: »Ich liebe dich, aber ich schlafe mit Soundso, weil die oder der mich so unglaublich anzieht, und ich muß das einfach haben« – woraus besteht dann noch die Liebe? Einer gibt sich dabei auf. Warum? Warum sollen die beiden sich dann noch gemeinsam in einer Wohnung oder in einem Bett aufhalten? Das ist doch vollkommen verrückt! Das ist Quatsch, das geht nicht. Der tragische Bruch muß kommen, ob man das schlucken will oder nicht. Alles andere ist eine Ausrede. Ich bin sehr leicht bereit, großzügig zu sein: Ein sexuelles Erlebnis oder ein zweites, okay, aber eine Dauerbeziehung, die parallel läuft zu der eigenen langjährigen Beziehung, das geht nicht. Denn was bleibt dir übrig? Gar nüscht, außer Wäsche waschen.

Womöglich noch Haß.

Ja, wenn nicht Haß, dann Gleichgültigkeit. Gut, man kann sagen: »Ich liebe meinen Mann auch nicht mehr. Ich habe gar keine Lust, mit ihm zu schlafen, aber es geht mir materiell gut, warum soll ich mich scheiden lassen?« Wenn diese Gleichgültigkeit dem Leben gegenüber besteht und keine Leidenschaft mehr da ist, dann ist das möglich, aber in dem Moment, in dem eine neue Leidenschaft entflammt für einen anderen Menschen, geht die Chose nicht mehr. Wenn man sich »einrichtet« in seiner Gleichgültigkeit, hat das nichts mit Liebe zu tun, sondern nur mit Pragmatismus. Die »ewige Liebe« ist ein Mythos, etwas Konstruiertes. Liebe ist im Grunde genommen Selbstaufgabe, meistens jedenfalls. »Ich könnte dich vor Liebe auffressen« oder »Ich hab dich zum Fressen gern« heißt doch eigentlich: Ich will dich zerstören. Ja, denk doch mal nach, das sind lauter zerstörerische Ausdrücke.

Also ist Liebe doch keine kreative Symbiose?

Doch, das ist sie auch, aber nur zeitweise. Liebe ist nicht unendlich, das ist der Punkt, das große Mißverständnis. »Bis daß der Tod euch scheidet« – das gibt es nicht. Man soll die großen Liebesmomente nicht verleugnen, sie sind etwas unglaublich Schönes, aber: »Werd ich zum Augenblicke sagen: Verweile doch! Du bist so schön ...« Das geht nicht. Es gibt keine immerwährende, vollendete Liebe. Liebe ist wie eine unvollendete Symphonie. Das ist aber auch sehr schön (lacht).

Bist du eifersüchtig, wenn du liebst?

Nein. Als Alec anfing zu »streuseln«, also mich betrog, war mir einfach klar, daß etwas in unserer Beziehung nicht mehr stimmte. Sieh mal, wenn ich feststelle, daß mein Partner mich nicht mehr liebt, dann kann er für mich kein Partner mehr sein. Ich hatte kaum Anlaß zur Eifersucht, denn meine Männer haben mich nicht nur geliebt, sondern fanden mich auch sehr unterhaltsam. Ich hab sie nie gelangweilt. Und wenn sie mal »daneben« sprangen, kamen sie doch immer wieder zu mir zurück. Denn was sie anfangs bei der anderen Frau aufregend fanden, langweilte sie nach kurzer Zeit. Das ist wie mit Sahnetorte: Wenn man zuviel davon frißt, vergeht der Appetit.

Solange es bei uns auch im Bett noch klappte, hatte ich keine Bedenken, wenn mein Mann mal mit einer anderen Frau schlief, sich verlocken ließ von einem schönen Körper in einer heißen Sommernacht – das ist doch nicht die Welt, wär doch albern, sich darüber aufzuregen. Wenn sich natürlich eine neue Beziehung entwickelt, wird's gefährlich, dann wird's prekär.

Und wenn es nicht mehr stimmt in der Beziehung, dann muß man eben raus. In Beziehungen, die sich nur noch dahinschleppen, sitzt doch einer immer auf dem Rücken des anderen. Meinem Rücken habe ich das nie zugemutet.

Kannst du eine Stadt oder ein Land lieben?

Ich liebe Berlin. Das heißt, ich fühle mich in Berlin zu Hause, ich fühle mich in Berlin wohl. Berlin ist für mich ein großes »Du«. Du, meine Stadt! Das war nicht immer so, aber heute ist es meine Stadt. Ich gehöre hierher, das weiß ich ganz genau. In London war ich zwar auch sehr glücklich, aber das Leben, das ich heute führe, kann ich nur hier führen. Hier habe ich Freunde, Menschen, mit denen mich viel verbindet. Selbst meine Katze gehört für mich zu Berlin (zu ihrer Katze), nicht wahr, Moona. So 'ne Katze gibt's nirgends, nur hier. Und jetzt läuft sie weg, so ist sie.

Was sind deine Lieblingsbeschäftigungen?

Schlafen (lacht). Ich schlafe sehr gerne. Ich könnte jetzt schon wieder einschlafen. Aber das darf ich ja noch nicht. Quatsch beiseite: Ich schreibe furchtbar gerne, ich spiele gerne auf der Bühne und im Film.

Du machst also dein Leben zu deiner Lieblingsbeschäftigung?

Genau das ist es. Ich stelle mich gerne vor den Spiegel, schminke mich und schmücke mich, behänge mich wie einen Weihnachtsbaum. Das mache ich besonders gerne. Margo Lion, die große Diseuse der dreißiger Jahre, singt: »Ich esse nicht, ich trinke nicht – ich schminke mich.« Auf mich trifft das genau zu. Aber auch wieder nicht ganz, denn ich futtere auch sehr gerne (lacht).

Gibt es für dich Grenzen in der Liebe?

Es gibt Grenzen, natürlich. Ich glaube nicht, daß ich mich aufgeben würde. Nein – andererseits weiß ich es nicht. Das ist etwas, zu dem ich nichts sagen kann, weil es mir einfach noch nicht passiert ist. Wenn ich zum Beispiel meinem ersten Geliebten das Leben hätte retten können, indem ich meines gegeben hätte – ich weiß nicht, ob ich nicht gesagt hätte: Erschießt mich statt seiner. Das ist im nachhinein schwer zu beurteilen. Diese großen Gewissensfragen kann man nicht theoretisch beantworten, sondern nur, wenn sich der Moment stellt.

Sprechen eigentlich viele Leute mit dir über Liebe?

Ja, stundenlang. Tagelang. Monatelang. Jahrelang. Das ist sehr schön, und ich bin sehr glücklich darüber. Ich lerne viel dabei: was man nicht tun soll oder was ich persönlich nicht tun soll.

Liebst du dich selbst?

Sehr, ich bin ganz entzückt von mir! Aber weißt du, »Selbstliebe« klingt so scheußlich. Ich würde sagen, ich habe mit mir keine Probleme. Ich kenne meine Fehler, meine entsetzliche Unordnung zum Beispiel, grauenhaft! Dann gucke ich ganz betrübt in den Spiegel und denke, was bist du bloß für eine Schlampe, aber es tangiert mich nicht weiter. Ich glaube, meine Selbstliebe oder meine Selbstachtung – das Wort gefällt mir besser – ist sehr groß. Ich habe neulich noch gedacht, hast du etwas in dir, was man als verachtenswert bezeichnen könnte? Nein, ich bin eigentlich ein vollkommen einfacher, harmloser Mensch. Ich glaube, ich habe das von meinen Eltern, die waren auch so. Es waren gute Menschen, harmlose Menschen. Ich bin auch harmlos, fürchterlich harmlos.

Harmlos?! Wenn ich dich so sehe ...

Harm-los. Ohne Harm. Das ist es eben. Man denkt bei »harmlos« immer ein bißchen an »einfältig« und »tölpelhaft«. Aber das ist es nicht, »harmlos« meint: ohne Harm und ohne Häme. Ich hab zum Beispiel überhaupt keine Häme in mir.

Gibt es Unterschiede zwischen der privaten und der öffentlichen Lotti Huber?

Was willst du mit der Frage? Wer ist die öffentliche Lotti Huber?

Die öffentliche Lotti Huber ist immer strahlend, selbstsicher und fährt zum Beispiel blödsinnigen Moderatoren übers Maul.

Ja, aber das ist doch nichts Schlechtes. Manchmal bekomme ich dann zu hören, der Talkmaster habe Angst vor mir gehabt. Das ist doch nicht *mein* Problem. Vielleicht haben diese Fernsehfritzen etwas zu verbergen und fürchten sich? Und da die Huber einen sehr analytischen Geist hat, haben sie Angst vor der Huber.

Also harmlos und analytisch gleichzeitig?

Wenn ich in meinen Reaktionen harmlos bin, bedeutet das nicht, daß ich keinen analytischen Geist habe. Ich verzichte nur darauf, zurückzuschlagen. Ich will ein Beispiel nennen: Wenn ich merke, daß ein Kritiker besonders boshaft und aggressiv ist, dann sehe ich in ihm einen sehr einsamen, armen, ohne Liebe und ohne Humor lebenden Menschen. Und da haue ich ihm nicht noch eins unter die Gürtellinie. Wie sagt man im Englischen: »Don't beat a man when he is lying down.« Danach lebe ich, aber viele Menschen nicht. Selbst wenn man mir etwas Böses an den Kopf wirft, schlage ich nicht zurück. Als Rosa mir sehr unangenehme und häßliche Briefe schrieb, habe ich ihm nie eins drauf gegeben, wie ich es vielleicht hätte tun können. Ich verstand seine verzweifelte oder einsame Situation. Das ist es, was ich sagen will. Das ist meine Veranlagung, und das ist nicht künstlich, ich bin einfach so.

Oder willst du nur niemanden verletzen?

Das ist es nicht *nur*. Ich kann es gar nicht genau erklären, aber ich denke, ich bin nicht rachsüchtig, ich kenne keine Rache. Allerdings: Wenn ich dem Mörder von Hillert gegenüberstände, würde alles in mir nach Vergeltung schreien. Du siehst: Das ist ein Widerspruch, aber den kann ich nicht auflösen. Ich habe auch nicht auf alles eine Antwort ...

Wie oft warst du eigentlich verliebt?

Gar nicht so oft. Meine erste große Liebe hat mich überwältigt. In Alec war ich gar nicht so wahnsinnig verliebt, er hat mich vielmehr fasziniert. In Norman war ich sehr, sehr verliebt. Und was habe ich da noch so...? Ach, so kleine Liebeleien, aber verliebt in dem Sinne, daß ich Tag und Nacht von *ihm* geträumt hätte, war ich eigentlich gar nicht. Ich glaube sogar, daß ich eine kühle Natur bin. Das ist sehr komisch. Ich bin gar nicht so leidenschaftlich, wie man immer glaubt. Aber wenn es mich packt, dann liebe ich mit einer unerhörten Wucht. Schließlich macht es nicht die Quantität.

Aber die Huber wird ja immer viel mit »Liebe« zusammengebracht.

Ja, das hat man mir angedreht. Ich weiß gar nicht, wie die Leute darauf gekommen sind. Wahrscheinlich meines Buches wegen, in dem ich von meinen Liebesgeschichten erzähle.

Könntest du einen Homosexuellen lieben?

Sehr! Weil ich glaube, daß für mich die rein physische Vereinigung, besonders jetzt in meinem Alter, überhaupt nicht mehr das Wichtigste ist. Primär für mich war immer, vom Kopf, vom Herzen her zu lieben und geliebt zu werden, und erst dann folgte der Unterleib. Und wenn der heute nicht mehr in Aktion tritt, macht das auch nichts.

Wie erklärst du dir den Erfolg, den du bei schwulen Männern hattest schon zu einer Zeit, als dich das breitere Publikum noch gar nicht kannte?

Schwule lieben extravagante Frauen, die nicht so sind wie Mama oder Oma. Und ich liebe Schwule, weil sie nicht so langweilig sind wie die meisten heterosexuellen Männer.

Wie stehst du zu lesbischen Frauen?

Ich will nicht sagen, daß ich mit denen »nicht kann«. Bis zu diesem Punkt komme ich gar nicht, weil sie mich einfach nicht interessieren. Sie nerven mich ein bißchen. Bei lesbischen Frauen stelle ich – und das zeigen die homosexuellen Männer nicht in dem Maße – immer einen unglaublichen Besitzanspruch fest, eine Tyrannei ihrer Partnerin gegenüber und Eifersucht bis zur Hysterie. Und willst du nicht mein Liebchen sein, so schlag ich dir den Schädel ein. Das sind alles Eigenschaften, die ich entsetzlich finde. Es mag auch andere Lesben geben, nur habe ich die noch nicht kennengelernt.

Was ist für dich die Last in der Liebe?

Die Abhängigkeit, ob seelisch oder körperlich, das ist die Last in der Liebe. Daß man nicht mehr fähig ist, seine eigenen Wege zu gehen, das Aufgeben der eigenen Persönlichkeit. Und das passiert immer wieder. Meine Männer waren keine Last für mich, aber jede Beziehung bedeutet Verpflichtung: Du mußt dich auf deinen Partner einstellen. Das ist etwas ganz anderes, als allein und eigenständig zu sein. Besorgt um das Wohl deines von dir geliebten Partners, gibst du oft vieles von dir auf. Und Frauen besonders, das ist wirklich wahr. Wie oft hängen Frauen heute noch wegen ihres Mannes ihren Beruf an den Nagel, obwohl sie in guten Positionen sind? Sie ziehen in eine andere Stadt, weil der Mann dort einen Job bekommt. *Sie* ist immer die erste, die ihrer Karriere Adieu sagt.

Aber das ist doch heute eigentlich nicht mehr nötig.

Offensichtlich doch, weil die Frau Angst hat, den Mann zu verlieren. Sie ist abhängig von ihm, hat Angst, er könnte fremdgehen, Angst, er könnte dies oder jenes tun. Bei Frauen stehen die Liebe und die Beziehung an erster Stelle, beim Mann nicht. Das hat sicher mit der Fähigkeit zu tun, Kinder zu bekommen. Von dieser biologischen Tatsache sind, mit wenigen Ausnahmen, alle Frauen so abhängig wie von der Liebe zum Mann. Damit verlieren sie ihre Freiheit und einen Teil ihrer Persönlichkeit. Frau zu sein ist ein schwieriges Schicksal. Und Emanzipation ist ein Kunstwerk.

... das du verwirklicht hast. Aber bereust du nicht manchmal Dinge, die du getan, oder Entscheidungen, die du gefällt hast?

Ich habe darüber nie ernsthaft nachgedacht. Ich kann nicht sagen, dies oder jenes möchte ich gerne rückgängig machen. Denn ich habe meinem Alter, meinen Erfahrungen und meinem Leben entsprechend gehandelt. Es von heutiger Warte aus zu verdammen wäre völliger Blödsinn. Die Frage ist unsinnig, sie bringt mich nicht weiter. Und darum geht es ja schließlich!

Sex ist Kreativität
Entwicklung und Schöpfung

Über Sexualität, Pornographie, Erotik und Lust

Sex und Kreativität gehören für mich zusammen. Oder hast du schon einmal gehört, daß ein Eunuch ein berühmter Schriftsteller gewesen wäre, ein berühmter Philosoph, ein berühmter Maler, ein berühmter Schauspieler, ein berühmter Künstler? Nein! Ich habe noch nie gehört, daß ein Eunuch vor Liebessehnsucht vergangen wäre. Er darf den Harem bewachen, weil er in keiner Weise einer Verführung ausgesetzt ist. Nimm dem Menschen die Sexualität, dann kann er keine großen Emotionen mehr empfinden. Die Natur will, daß alles zusammengehört. Wenn wir uns von unserer sexuellen Komponente trennen, weil »es« sich angeblich nicht mehr schickt, meinetwegen in einem bestimmten Alter, wenn wir uns einreden, daß wir sie nicht mehr brauchen, dann ist das Mumpitz: Ohne Sexualität gibt es keine Begeisterung, keine Besessenheit, keine Kreativität. Das einzige, was bleibt, ist Raffsucht.

Sexualität kann eine Umsetzung in eine andere Form sein, eine Sublimierung. Ohne sie gäbe es beispielsweise keine Kunst. Der Mensch braucht also den »Liebesakt«, wie man so schön sagt, gar nicht zu vollziehen, und kann trotzdem der leidenschaftlichste, sinnlichste Mensch sein. Aubrey Beardsley, der englische Illustrator, hat nie mit einer Frau geschlafen – und was war er für ein sinnlicher Mensch! Guck doch seine Zeichnungen an – Wahnsinn! Hättest du ihn entmannt, hätte er nichts mehr geschaffen. Schluß, aus! Das ist doch hochinteressant. Sex ist nicht nur »rin und raus«, mit einem Mann oder einer Frau schlafen, sondern Sex ist Kreativität, Entwicklung und Schöpfung. Nimmst du einem Menschen seine Sexualität, dann nimmst du ihm sein Leben.

Die Erotik ist für mich die verfeinerte Form der Sexualität, eine sehr hochentwickelte Form, weil sie viel mit Phantasie zu tun hat. Ohne Erotik kannst du nicht schöpferisch sein, etwa als Schauspieler. Ein Schauspieler ohne Erotik besitzt keine Ausstrahlung, da kann er noch so gut sein. Das macht das Geheimnis eines Stars aus! Diese Ausstrahlung ist wichtiger für das Publikum als die technische, akademische Leistung.

Ist Pornographie erotisch?

Eine gute Frage! Ich habe schon oft gedacht, wie formuliere ich »Pornographie«? Wie würdest du es formulieren, hilf mir mal ein bißchen.

Wenn ich an Pornographie denke, denke ich an etwas Unangenehmes.

Ach?! Unangenehm ist auch, wenn die Suppe versalzen ist. Das war keine gute Formulierung von dir, Liebling! Pornos geben große Impulse und Anreize für Menschen, die sonst nicht fähig sind, ihre Sexualität auszuleben. Daß sie Gewalt anregen, ist nicht bewiesen, vieles passiert doch zu Hause. Die meisten Kinder werden doch von ihren eigenen Vätern und Onkels mißbraucht. Männer, die sich in einer Peep-Show abreagieren, sind ungefährlicher. Und was soll dieses vorwurfsvolle: »Du bist ein Voyeur!« Wir sind doch alle Voyeure: der Peep-Show-Mann genauso wie Frau Müller, die mit ihrem Opernkieker in die gegenüberliegende Wohnung kiekt, wo sich ein Pärchen liebt. Jeder schaut doch auf jeden. Wenn du kein Voyeur bist, nimmst du das Leben gar nicht wahr. Ich finde es nichts Negatives, ein Voyeur zu sein.

Sexuelle Phantasie kann man sowieso nicht aufhalten. Pornos sollte es auch für Frauen geben. Wenn man wie ich Erotiker ist, liebt man aber nicht den primitiven Sex. Viele Frauen sind mehr an Zärtlichkeit interessiert, obwohl manche auch Gewaltphantasien haben. Ich war niemals Objekt. Ich hatte wunderbare Liebespartner, und wenn einer nicht wunderbar war, ging ich eben.

Pornofilme reizen mich nicht, sie sind zu grobschlächtig, zu primitiv. Aber ich verurteile sie auch nicht. Sie regen mich weder an noch auf. Die Natur ist eben sehr kompliziert. Sie löst bestimmte Reize aus, damit Menschen sich gegenseitig sexuell aufregen. Und auch die Pornographie ist ein wichtiges Element, damit die Sexualität in Schwung gebracht wird.

In der Natur finden wir doch ganz erstaunliche Dinge: Die Makaken, eine Affenart, haben einen lila Arsch – warum hat die Natur das gemacht? Um anzuziehen, um zu provozieren. Sehr vornehm und sehr schön ist das nicht. Der Hintern der Frau zum Beispiel wurde in der Liebe immer wieder verherrlicht, besungen, gezeichnet, gestaltet – und hat eine unglaubliche sexuelle Anziehungskraft! Die Überzeichnung, die Übertreibung, geht dann ins Pornographische. Ähnlich ist es bei den sexuellen Neigungen: Manche Menschen leben ihre Sexualität sadistisch aus. Sadismus, Masochismus – das sind von der Natur entwikkelte Eigenschaften, die zum sexuellen Akt hinführen. Ich bitte dich, woher kommt das? Man sagt, viele englische Männer, darunter ganz tolle, lieben es, geschlagen zu werden, weil sie früher in der Public School immer verprügelt wurden. Ich glaube nicht, daß ich ein Masochist geworden wäre, wenn man mich immer verprügelt hätte – im Gegenteil (lacht). Ich wäre nur wütend geworden.

Diese Neigungen, Masochismus und Sadismus, sind angelegt in unserer Sexualität. Bei vielen sind sie aber nicht so stark ausgeprägt, daß sie ausgelebt werden müssen. Bei anderen schäumt der Hormonhaushalt über, und aus einem solchen Überfluß entwickeln sich die extremen Spielarten der Geschlechtlichkeit und auch die Pornographie.

Pornographie ist also weniger wert als Erotik?

Sie ist nicht weniger wert, sie ist etwas ganz anderes. Ich bin überhaupt nicht von Pornographie angezogen, sie nimmt mir das Entzücken über das sinnliche Liebeserlebnis. Sie reizt mich nicht, sondern nimmt mir etwas. Pornographie desillusioniert mich, aber andere regt sie an. Vielleicht, weil sie keine Phantasie besitzen?

Ich weiß nicht, ob das stimmt, aber das ist so eine Theorie von mir: Pornographie ist ein Ersatz. Aber phantasielos sind die Menschen, die an Pornos etwas finden, vielleicht doch nicht? Sie haben ja Phantasie, wenn sie sich einen Riesenarsch vorstellen und was sie mit dem anfangen wollen. Entschuldigung (lacht)! Das ist ja durchaus phantasievoll, aber auf einer anderen Ebene. Erotik schmeckt anders. Das ist genauso, als ob du Erbsensuppe mit Speck in dich reinhaust oder ganz subtil Carpaccio zu dir nimmst. Ja, es ist wie beim Essen: Ein Mann, der sich hinsetzt und so eine Kalbshaxe frißt, verstehst du ...

Das ist schon mal pornographisch für dich ...

... der kann nicht gut im Bett sein, davon bin ich überzeugt (lacht). Der wird grob sein, plump und phantasielos. Sieh mal, ich habe mich in Norman verliebt, als er bei unserem ersten Rendezvous eine Seezunge zerlegte – das war erotisch! Aber wenn er Eisbein mit Sauerkraut angegriffen und dann noch das Fett hinuntergeschlungen hätte, wäre ich allein schlafengegangen.

Was wird in dir angesprochen, wenn wir von Lust reden?

Was in mir angesprochen wird? Mein Körper wird angesprochen, meine ganzen Sinne werden angesprochen, eben alles, was mit der Lust in der Liebe zusammenhängt. Tragik gehört natürlich auch zur Liebe, genauso wie Melancholie. Aber Lust in der Liebe ist ein überschäumendes Glücksgefühl, eine Beglückung nicht nur des Körpers.

Meinst du, daß Männer und Frauen Lust unterschiedlich empfinden?

Ja, ich glaube schon. Lust äußert sich bei den meisten Frauen subtiler, ist komplizierter, mehr verbunden mit Emotionen, aber letzteres muß nicht unbedingt sein. Auch eine Frau kann eine rein physische Lust empfinden.

Die Erregung einer Frau klingt länger nach, braucht eine viel längere Zeit, um sich wieder zu beruhigen. Bei den Männern ist es fast immer mit dem Orgasmus, mit dem Abspritzen erledigt.

Das verursacht große Diskrepanzen in den Beziehungen. Da fällt mir eine kleine Geschichte ein, nein, war die herrlich: Eine Freundin von mir hatte ein Erlebnis mit einem Tänzer, der bisexuell ist, nehme ich an, also homosexuell-bisexuell. Der macht alles, hat einen hinreißenden Körper und wirkt auf Frauen verführerisch wie Mephisto persönlich. Wenn er sie mit seinen glühenden schwarzen Augen anblickt, legen die Frauen sich gleich reihenweise hin. Meine Freundin traf ihn bei mir im Studio, wo er zeitweilig Unterricht gab. Amüsiert beobachtete ich, wie er eine nach der anderen herumkriegte (lacht), und sie war natürlich auch hin und weg von ihm. Macht ja nichts, dachte ich mir, das gehört dazu. Meine Freundin war eine verheiratete Frau, ihr Mann verreist, und eines Abends erwischte sie ihn und schleppte ihn ab in ihre elegante Wohnung. Was soll ich sagen? Sie riß sich wie wild die Kleider vom Leib, sie ist eine sehr leidenschaftliche Frau. Es kam zum sogenannten Beischlaf – auch wenn man dabei natürlich gar nicht schläft. Und nach dem Höhepunkt, dem bewußten, stand der Tänzer auf – er blieb nicht eine Sekunde länger liegen –, reckte sich, stellte sich vor den großen Ankleidespiegel, betrachtete sich und drehte sechs Pirouetten. Er machte seine Übungen, Arabesquen und zack, zack und dies und das. Und sie saß im Bett – völlig geklatscht. Dann zog er sich an, ging und ward nicht mehr gesehen. Ist das nicht eine herrliche Geschichte?

Ich finde sie hervorragend: Er dreht seine Pirouetten, während sie noch entrückt daliegt und zu Chéri-ick-wees-nich-wat und einer Wiederholung bereit ist. Und er stellt sich vor den Spiegel, ganz Narziß, schaut sich an, probiert seinen Körper aus und stellt fest: Aha, es geht jetzt wieder viel besser. Während sie schmachtend im Bett liegt und vergebens auf eine Fortsetzung des Liebesspiels hofft. Ich habe Tränen gelacht.

Ich finde die Geschichte gar nicht schlecht.

Also, erklär mir, was sie aussagt.

Ich soll ja nicht interviewt werden, sondern du ...

Ich bin nicht *du*, nein! *Ich* begeistere mich ja an der Geschichte!

Sie sagt über den Mann aus, daß er aus diesem Beischlaf die Kraft zieht, die er braucht, um weiterzutanzen.

Das ist es! Das findest du bei einer Frau seltener. Sie *muß* ihre Emotionen spüren. Ob das anerzogen ist, weiß ich nicht. Ich kenne aber auch einige hochinteressante Frauen, die mir anvertrauen: »Du, heute abend muß ich unbedingt mit einem Mann schlafen, erst dann fühle ich mich wieder wohl.« Die brauchen das einfach, das gibt es auch.

Aber du hast mich gefragt, ob Lust von Frauen und Männern unterschiedlich empfunden wird, und ich meine, ja. Aber woher kommt das? Vielleicht haben viele Frauen noch nicht den Mut, sich zu ihren sexuellen Bedürfnissen zu bekennen? Nicht mehr Objekt, sondern Subjekt zu sein? Noch heute werfen manche Ehemänner – vor einigen Generationen waren es noch viel mehr – ihren Frauen vor: »Benimm dich nicht wie eine Hure!« Und das nur, weil die Frauen im Bett Lust äußerten! Diese Männer haben Angst. Sie wollen das Muttertier, wollen Ruhe im Hause, und zum Lustgestöhne gehen sie ins Bordell. Noch im 19. Jahrhundert durfte eine Frau Sex nicht genießen. Sie hatte ihn zu erdulden. Die meisten Frauen, die ihren Mann aus Konvention heiraten mußten, mit fetter Mitgift oder aus wirtschaftlichen Gründen, durften ihre Lustgefühle nicht äußern. Sie konnten nicht sagen: »Heute hab ich überhaupt keine Lust, hoffentlich will er nichts von mir.« Deshalb waren sie manchmal recht beglückt, wenn er ins Bordell ging, denn so waren sie ihn wenigstens los.

Eine Frau hat meiner Ansicht nach nicht das dauernde, beständige Bedürfnis wie ein Mann, sich sexuell zu betätigen – wenn ich das so blöde ausdrücken darf. Sie hat keine Lust, immer wieder bestiegen zu werden. Der Mann hingegen hat seine Erektion, und die muß irgendwohin. Entweder in die

Frau oder in die Wand (lacht). Oder in eine Puppe, eine Gummipuppe von Beate Uhse.

Ich möchte mir gern eine solche Puppe kaufen. Die stellen wir in mein Studio, und nach meinen Stunden verkünde ich: »Und jetzt kommt noch ein Betthupferl.« Dann können sich die männlichen Mitglieder meines Unterrichts betätigen. Ist das nicht schön? Ja? Die werden sich freuen (lacht). Ich finde, das wäre ein unerhörter Beitrag zur Entspannung.

Lotti, hast du schon mal einen Orgasmus gehabt?

Also, Schätzchen, du schreckst auch vor keiner Frage zurück (lacht).

Und du hoffentlich nicht vor einer Antwort.

Zunächst mal: Der ganze Zirkus, der heutzutage um den Orgasmus gemacht wird, ist mehr als lächerlich. Ich orgas-muß, du orgas-mußt, er, sie, es orgas-muß, wir orgas-müssen, ihr orgas-müßt, sie orgas-müssen. Also wirklich! Da schreiben Frauen Briefe an die Seufzerecken-Tanten in den Magazinen, wenden sich an Psychiater und jammern: »Hilfe, Hilfe, wo bleibt mein Orgasmus? Warum bin ich nicht orgasmusfähig?« Aber, Schätzchen! Willste es genau wissen? Die Wahrheit ist so einfach. Durch die Jahrhunderte haben Frauen die Ekstase, den Höhepunkt nicht kennengelernt, weil sie mit ihrer Sexualität Schindluder getrieben haben – oder weil mit ihr Schindluder getrieben wurde. Jede Frau ist orgasmusfähig, das ist von der Natur so gewollt. Nur: Daß der heißbegehrte Orgasmus nicht von einem Doktoren- oder Professorentitel herbeigeführt werden kann, ist doch sonnenklar. Allein die Gesetze der Natur bestimmen den Orgasmus. Es ist durchaus möglich, daß der Mann, der deine Mülltonnen ausleert, dir einen Orgasmus verschafft. Aber du sagst: »Um Gottes willen, meine gesellschaftliche Position, meine Karriere, mein Bankkonto.« Etcetera. Tja, dann mußt du leider auf den Orgasmus verzichten, den dir die Natur anbietet.

Eine junge Freundin erzählte mir mal: »Ich bin heute vormittag in den Bus gestiegen, und als ich den Busfahrer anblickte, geschah es: Meine Knie fingen an zu zittern, ich wollte ihn küssen, mit ihm ins Bett – und das sofort!« Voilà, die Natur hatte gesprochen. »Und was hast du gemacht?« – »Ich? Ich bin an der nächsten Station ausgestiegen und mit einem anderen Bus nach Hause gefahren.« Aha! Bye bye, Orgasmus.

D. H. Lawrence hat in den zwanziger Jahren mit seinem Buch ›Lady Chatterley‹ einen Sturm der Entrüstung in der englischen Society ausgelöst. Eine Lady, die es mit einem Förster treibt – das war eine bittere Pille für die damalige Gesellschaft. Pfui Teufel, wie schön! Heute ist ›Lady Chatterley‹ ein Klassiker, aber kapiert haben die Frauen noch immer nichts. Der Preis für einen Orgasmus kann sehr hoch sein: Verzicht auf gesellschaftliche Stellung, finanzielle Sicherheit und Ordnung. Welche Frau will darauf schon verzichten? Sie will alles – und dann rennt sie zum Psychiater, legt sich für viel Geld auf die Couch und hört auf die Ratschläge des Onkel Doktors, der vielleicht selbst Probleme mit seinem Orgasmus hat. Freud zum Beispiel – so äußerte sich seine Frau – war alles andere als ein großer Liebhaber, aber er gab Ratschläge nach dem Motto: Spring vom Schrank, schwing dich vom Leuchter, versuch den Hirschensprung!

Was ist denn ein Hirschensprung?

(lacht) Das weiß *ich* doch nicht! Ich will nur die Absurdität dieser Ratschläge klarmachen. All diese Rezepte, in welcher Stellung man lieben soll und wie man zum Orgasmus kommt, kommen mir immer vor wie eine Zwiebel, die man sich unter die Nase hält, um zu weinen. Weil man nicht mehr auf natürlichem Wege in Tränen ausbrechen kann!

Um auf dich zurückzukommen: Hast du bei deinem Müllmann einen Orgasmus bekommen?

Also, Schätzchen! Ein Colonel tut's auch (lacht).

Ist Lust so etwas wie ein Impuls?

Impuls?

Wenn ich sage, ich habe jetzt Lust, eine zu rauchen ...

Ist das ein Impuls? Das ist Lust, aber kein Impuls.

Es ist natürlich etwas anderes, wenn ich sage, ich habe Lust auf Erbsensuppe oder Lust auf dich.

Falsch! Das ist genau dasselbe. Bei den Erbsen beteiligt sich dein Bauch und bei Lust deine untere Abteilung. Das ist zwar örtlich etwas anderes, mein Liebling, aber im Grunde genommen doch dasselbe. Etwas wollen, etwas begehren – das ist Lust. C'est le cœur qui parle. Es ist das Herz, das spricht, obwohl das Herz natürlich eine ganz andere Funktion hat. Ich weiß gar nicht, wie die Menschen darauf gekommen sind, das Herz zum Mittelpunkt der Emotionen zu machen. Die Emotionen sitzen ganz woanders, nämlich im Unterleib. Aber da man sich immer dieses Unterleibs aus irgendwelchen idiotischen Gründen schämte, hat man sie eben ein paar Etagen höher angesiedelt und sich das Herz ausgesucht. Und da zur »vollkommenen Liebe« sowohl die körperliche als auch die geistige Liebe gehört, hat man die Mitte des Menschen als symbolischen Ort genommen (lacht).

Das Herz ist Leben. Wenn das Herz nicht mehr durchblutet wird, kannst du nicht mehr leben. Und Liebe ist Leben. L – L. Leben ist Liebe. Körperliche – *und* geistige. Wenn dein Geist verwirrt ist, lebst du nicht mehr, sondern vegetierst. Das heißt, du funktionierst. Du kannst atmen, du kannst essen, und du kannst gehen. Aber die großen Emotionen – futsch und weg. Interessant ist doch, daß sich Eunuchen eines bewahrt haben: den Sinn für Macht.

Demzufolge liegen Kraft und Macht nicht im Geschlecht, sondern im Geist. Denn der wurde ihnen ja nicht amputiert.

(lacht) Das fällt mir ja eben auf! Das ist eine interessante Sache. Männer, die nicht liebesfähig sind, die impotent sind, übersetzen ihre Unfähigkeit in Machtstreben. Ein Mann, der hundertprozentig sexuell glücklich ist, braucht keine Macht. Man sollte einmal das Sexualleben großer Männer analysieren. Napoleon soll ja ein Frauenheld gewesen sein und hatte dennoch Machtgelüste. Alexander der Große war wahrscheinlich homosexuell. Bei dem britischen Feldmarschall Montgomery hat – wie ich hörte – das Geschlechtsleben keine so große Rolle gespielt.

Macht ist eine Übersetzung von Sexualität. Das zeigt sich an dieser Besessenheit, Uniformen zu tragen – die ganze Militärgeschichte hindurch. Nimm einem Mann die Uniform, und er sieht aus wie ein Würstchen. Mit der Uniform hingegen will er erotisch wirken. Und dann diese merkwürdige Lust, sich vor einen Vollidioten hinzustellen, zu salutieren und strammzustehen! Die Unterwerfung, der Masochismus, ist auch eine Form der Sexualität. Oder die Dichter, die Lobeshymnen reimen auf die Taten der großen Feldherren! Das ist Erotik. Diese Dichter haben sich erotisieren lassen von der Macht.

Liebe Lotti, wir nähern uns dem Ende. Wenn ich ehrlich bin: Sooo originell und neu war das ja nicht, was du erzählt hast.

Da hast du recht. Schon der Prediger im Alten Testament stellt fest: »Es gibt nichts Neues unter der Sonne.« Ich sage eigentlich ganz selbstverständliche Dinge und spreche nur aus, was andere denken, sich aber oft nicht trauen zu sagen. Aber, erklär mir eins: Hab ich mich klar ausgedrückt?

Das kann man wohl behaupten!

Na, also! Jetzt will ich dir aber noch zum Abschied aus einem von mir sehr geliebten Gedicht etwas zitieren:

> Wie jede Blüte welkt und jede Jugend
> dem Alter weicht, blüht jede Lebensstufe
> blüht jede Weisheit auch und jede Tugend
> zu ihrer Zeit und darf nicht ewig dauern
> Es muß das Herz bei jedem Lebensrufe
> bereit zum Abschied sein und Neubeginne
> um sich in Tapferkeit und ohne Trauern
> in andre, neue Bindungen zu geben
> Und jedem Anfang wohnt ein Zauber inne
> der uns beschützt und der uns hilft zu leben

Ja, geliebter Hermann Hesse, schöner kann es nicht gesagt werden. Und darauf trink ich jetzt einen eisgekühlten Sherry!

Irmgard Keun im dtv

Foto: Isolde Ohlbaum

Das kunstseidene Mädchen
Doris will weg aus der Provinz, die große Welt erobern. In Berlin stürzt sie sich in das Leben der Tanzhallen, Bars und Literatencafés – und bleibt doch allein.
dtv 11033

Das Mädchen, mit dem die Kinder nicht verkehren durften
Von den Streichen und Abenteuern eines Mädchens, das nicht bereit ist, die Welt einfach so zu akzeptieren, wie sie angeblich ist.
dtv 11034 / dtv großdruck 25050

Gilgi – eine von uns
Gilgi ist einundzwanzig und hat einiges satt: die Bevormundung durch ihre (Pflege-)Eltern, die »sich ehrbar bis zur silbernen Hochzeit durchgelangweilt« haben, die »barock-merkantile« Zudringlichkeit ihres Chefs und den Büroalltag sowieso. Da trifft es sich gut, daß sie sich in Martin verliebt. Doch als sie bei ihm eingezogen ist, kommen ihr Zweifel...
dtv 11050

Nach Mitternacht
Deutschland in den dreißiger Jahren. Ein Konkurrent hat Susannes Freund denunziert. Als er aus der »Schutzhaft« entlassen wird, rächt er sich bitter, und Susanne muß sich entscheiden...
dtv 11118

D-Zug dritter Klasse
In der Zeit des Nationalsozialismus treffen in einem Zug von Berlin nach Paris zufällig sieben Menschen aus unterschiedlichsten Gesellschaftsschichten und mit unterschiedlichsten Reisemotiven zusammen...
dtv 11176

Ich lebe in einem wilden Wirbel
Briefe an Arnold Strauss 1933 bis 1947
dtv 11229

Sylvie Germain:

Das Buch der Nächte

»Es beschäftigt mich nicht nur die Gewalt des Krieges, Gewalt gibt es auch in der Liebe, im Besitzdenken, bei der Eifersucht. Eine Form der Gewalt, die ich in meinem neuesten Buch nochmals aufgegriffen habe, ist der Inzest. Jeder weiß, daß dies passiert, aber die Gesellschaft will nicht, daß man darüber spricht. Diese Gewalt, finde ich, ist das Abscheulichste, was es gibt...« (Sylvie Germain in RIAS, Berlin)

»Vitalie Péniel hatte sieben Kinder zur Welt gebracht, aber die Welt erwählte nur eines von ihnen – das letzte. Alle anderen waren am Tag ihrer Geburt gestorben, ohne sich auch nur die Zeit genommen zu haben, einen Schrei auszustoßen. Das siebente indes schrie schon vor seiner Geburt.« Der Junge, der da zur Welt kommt, wird Flußschiffer auf der Schelde wie seine Vorfahren – ein friedliebender Mensch, den der Krieg von 1870/71 zum Ungeheuer werden läßt. Seinen Sohn Victor-Flandrin verschlägt es nach dem Tod des Vaters ins abgelegene Vorland der Ardennen. Er wird Landwirt und eine Art moderner Hiob. Drei Frauen sterben ihm, die vierte, die österreichische Jüdin Ruth, wird seine große Liebe, aber sie überlebt den Nazi-Terror nicht. Vor dem Hintergrund der europäischen Geschichte bis zum Ende des Zweiten Weltkrieges erfüllt sich ein Schicksal von biblischer Wucht.

dtv 11770

»Eine Familiensaga verschlungener Schicksale, verwurzelt im unergründlichen, ja unheimlichen Mythos der Generationen. Mit geradezu unerschöpflicher Phantasie erfindet die Autorin Lebenswege individueller Einmaligkeit und Symbolkraft.« (Waltraud Jänichen in der ›Berliner Zeitung‹)

Angelika Schrobsdorff im dtv

»Die Schrobsdorff hat ihr Leben lang nur wahre Sätze geschrieben.«
(Johannes Mario Simmel)

Foto: Isolde Ohlbaum

Die Reise nach Sofia
dtv 10539
Sofia und Paris – ein Bild zweier Welten: Beobachtungen über Konsum und Liebe, Freiheit und Glück in Ost und West.

Die Herren
Roman
dtv 10894
Ein psychologisch-erotischer Roman, dessen Erstveröffentlichung 1961 als skandalös empfunden wurde.

Jerusalem war immer eine schwere Adresse
dtv 11442
Ein Bericht über den Aufstand der Palästinenser, ein sehr persönliches, menschliches Zeugnis für Versöhnung und Toleranz.

Der Geliebte
Roman
dtv 11546

Der schöne Mann und andere Erzählungen
dtv 11637

Die kurze Stunde zwischen Tag und Nacht
Roman
dtv 11697
Jerusalem – Paris – München: das sind die Städte, mit denen die Erzählerin schicksalhaft verbunden ist.

»Du bist nicht so wie andre Mütter«
Die Geschichte einer leidenschaftlichen Frau
dtv 11916
Aus Tausenden von Puzzlesteinen setzt Angelika Schrobsdorff das Bild ihrer jüdischen Mutter zusammen.

Spuren
Roman
dtv 11951
Ein Tag aus dem Leben einer jungen Frau mit Kind.

Das Buch

»Frau Huber, waren Sie eigentlich immer so?« – »Aber Schätzchen, als ich in den Windeln lag, war ich natürlich nicht so. Es ist eine Frage der Entwicklung.« Aus der Hüfte geschossene Journalistenfragen beantwortet Lotti Huber sofort mit einer Breitseite. Sie hat schließlich nicht nur *ein* Leben hinter sich, sondern mindestens drei, und sie entwickelt sich immer weiter. Neugierig ist sie auf das Abenteuer Leben und geht auf Menschen zu »mit großen, aufgerissenen Augen, die von Güte und Schalkhaftigkeit leuchten und denen nicht viel verborgen bleibt«, schreibt Peter Süß. Auch das neue Buch zeigt, daß »diese Zitrone noch viel Saft hat«. Die Gesprächspartner liegen ihr zärtlich zu Füßen und werden von Lotti Huber auch nicht enttäuscht. »Wie diese Berliner ›Königin des Underground‹ sich auf dem Thron 1. Klasse lasziv räkelt, schnurrend provoziert in scheinbarer Harmlosigkeit«, schreibt Sigrid Hardt in der Münchner ›Abendzeitung‹, »ist sie eine herrliche alte Löwin.«

Die Autorin

Lotti Huber, 1912 als Tochter großbürgerlicher jüdischer Eltern in Kiel geboren, verweigerte sich schon als junges Mädchen dem Zwang der Konventionen. Sie wollte immer zur Bühne, zum Theater. Aber die Nazis schickten sie ins KZ. Sie konnte freigekauft werden, ging nach Palästina und Ägypten, tanzte in Nachtklubs, heiratete einen englischen Offizier, ging dann nach Zypern, wo sie ein Restaurant eröffnete, nach 1945 mit ihrem zweiten Mann, ebenfalls einem englischen Offizier, nach London und Anfang der 60er Jahre wieder nach Berlin. Sie gab Englischunterricht, übersetzte Trivialliteratur, eröffnete eine Tanzschule, arbeitete als Filmstatistin und lernte schließlich Rosa von Praunheim kennen, durch dessen Filme sie mit 75 Jahren zum Star wurde. In Buchform ist außerdem von ihr zu haben: ›Diese Zitrone hat noch viel Saft!‹ (1990).